知识经济时代
财务报告新发展

NEW DEVELOPMENT OF FINANCIAL REPORT
IN THE INTELLIGENT ECONOMY ERA

蔡 军◎著

经济管理出版社
ECONOMY & MANAGEMENT PUBLISHING HOUSE

图书在版编目（CIP）数据

知识经济时代财务报告新发展/蔡军著. —北京：经济管理出版社，2022.4
ISBN 978-7-5096-8379-8

Ⅰ.①知…　Ⅱ.①蔡…　Ⅲ.①会计报表　Ⅳ.①F231.5

中国版本图书馆 CIP 数据核字（2022）第 057261 号

组稿编辑：申桂萍
责任编辑：赵亚荣
责任印制：黄章平
责任校对：张晓燕

出版发行：经济管理出版社
　　　　　（北京市海淀区北蜂窝 8 号中雅大厦 A 座 11 层　100038）
网　　址：www. E-mp. com. cn
电　　话：（010）51915602
印　　刷：唐山昊达印刷有限公司
经　　销：新华书店
开　　本：710mm×1000mm/16
印　　张：12.5
字　　数：206 千字
版　　次：2022 年 5 月第 1 版　2022 年 5 月第 1 次印刷
书　　号：ISBN 978-7-5096-8379-8
定　　价：68.00 元

前　言

　　知识经济时代的特点就是财富形式具备多样性。知识经济可以为企业带来未来的经济效益，其中，人力资源和无形资产是十分重要的要素，它们能够在会计信息中发生作用并反映出企业的经济价值。而在传统经济时代，人力资本和无形资产具有"容忍"的特点，它们要么不反映经济价值，要么就是反映出来的经济价值不合理，无法满足利益相关者的需要。如果说它们在传统经济时代是可以的，那么知识经济时代就显得不可或缺。因此，随着网络技术的发展和知识资本在经济发展中更新速度加快，其对现有的传统财务产生了很大的影响，以传统财富形式存在的资产价值发生了巨大变化，使会计主体在所依赖的"媒介空间"中占比十分可观，进一步使企业会计主体的变化频繁，外延越来越难以界定，最终导致会计主体的空间结构趋于复杂化，财务信息也应随之发生变化。

　　按照发展循环经济和可持续发展的战略任务要求，我国在"十三五"规划中明确提出了财务报告在会计体系中的定位，完善了会计核算体系，实现了循环经济的可持续发展现行财务报告模式，并把推进理论创新和制度创新作为关键步骤。由此可知，会计与经济发展是紧密联系的，财务报告作为一种企业资金流动信息记录的主要形式，主要是为满足经济发展的需要而出现且编制的。正是这一点可以集中体现出财务报告是财务会计的重要组成部分，是会计主体对外提供财务信息的载体。企业财务报告包括了财务信息、历史信息、货币信息，甚至非财务信息、非货币信息、前瞻性和预测性信息。

　　经济发展趋势逐渐走向全球化、金融一体化、智能化和高风险性。随着信息革命和高新技术的广泛应用，人类正进入知识经济时代，在知识经济时代，经济环境更加变幻莫测且日益复杂，从根本上冲击了原本适用于工业经济的各种经济理论和会计理论。企业内的利益相关者除了需要关注财务信息之外，还要注意非财务的相关信息。然而，现在企业所使用的财务报告模式在信息集成方面还存在一些不足，不能保证信息的完全披露，从而无法满足利益相关者所要求的披露要求。基于此，财务报告改革已成为历史发展的必然。在新环境下，财务报告主体和信息需求者的财务信息供求发生了巨大变化。应在对企业现有会计报告模式发展进行研究的基础上，运用相关的理论和方法对会计报告模式进行完善和改进，以适应市场发展的新形势需要。另外，当前的财务报告使用最早是在工业经济时期兴起并渐渐发展起来的，整个财务会计体系是以权责发生制、匹配原则和稳定性原则作为基本守则，以市场自动调节后所形成的交易价格和交易历史成本为主线。它强调只确认和衡量已经发生的交易（或准交易），并提供面向过去的财务信息。

结合前面的分析，我国当下使用的会计报告模式主要是以一般报告为主，以专项报告为辅，即使大致符合信息用户的基本需求，但整体上信息披露还存在许多的不足，例如信息披露不准确、信息披露不全面、财务披露信息冗余以及财务报告与非财务报告之间联系甚少，这些缺点都在一定程度上阻碍了信息使用者快速并且有效地发现有用信息的步伐。为了赶上知识经济时代的发展步伐，需要对我国现行使用的财务报告模式进行持续改进，在把握自身国情和经济发展环境基本形势变化的情况下，对具有及时性和灵活性的专题报告和实时报告进行有效补充，像一般报告和定期报告一样注重加强财务会计相关理论研究与实践运用，以提供更加优质的信息披露质量和会计报告模式，以期满足企业利益相关者的多元化信息需求。

本书将综合报告加入创新设计的新型财务报告模式中，整个创新模式分为三个方向。首先，由于财务报告作为企业日常财务记录报告的一个重要部分，很大程度上会受到会计准则的约束，因此，加强财务报告改革应该重点进行会计准则的机制完善。其次，互联网思维的普及，使利益相关者查看会计信息的形式发生了变化，逐渐地需要将会计信息的发布和传递通过网络渠道进行，以电子形式向社会公众展示，使会计信息披露电子化成为全国乃至全球的会计信息主要创新获取形式。最后，由于我国现行的会计报告模式存在信息披露不够全面和信息冗余的现象，使财务报告信息传递的效率大大降低，在一定程度上信息使用者无法快速有效地找到有用的信息，降低了信息使用者对及时信息进行阅读的进度，因此，有必要对现行的会计报告模式在信息披露效率和信息质量上进行进一步的把控与优化。

　　知识经济作为一种以高技术产业为第一产业支柱，以智力资源为首要依托的新型经济形态，其与信息经济有着密切的联系，也有一定的区别。知识经济的关键是创新能力。只有信息共享，并与人的认知能力——智能相结合，才能高效率地产生新的知识。所以，知识经济的概念更突出人的大脑、人的智能。反过来，人的智能只有在信息共享的条件下才能有效地产生新的知识。而对于知识经济时代会计创新模式的探讨与研究，不仅可以充实财务报告理论，对我国上市公司的会计信息披露也具有重要的指导意义。

目 录

❶
经济环境变迁促进财务报告的发展

1.1 财务报告的发展

财务会计也是一种信息系统，财务报告则是信息系统的输出终端，必然涉及财务会计目标、财务会计假设、财务会计概念、财务会计原则和各种财务会计程序与方法。因此，财务报告的发展与变革与财务会计本身的发展密切相关，而且会计和各种变革最终以财务报告的形式体现出来。

1.1.1 财务报告在会计体系中的地位

继"十二五"经济发展向循环和可持续的目标转变后，紧接着在"十三五"规划中国家又提出新的发展理念，十分清晰地定位循环经济的可持续发展现行财务报告模式，在会计体系中进一步完善了会计核算体系机制，完成了财务会计理论创新和核算制度创新。在国际上，一些国家企业的报表标准已经从一般财务报告上升到综合报告，并要求企业抓紧赶上编制综合报告的步伐，这种综合报告的普及已成为会计领域的一种革新指导和重要研究课题。如何整合当前会计报告的重要内容，强调信息之间的内在联系，说明信息如何给企业带来短期、中期和长期的经济效益，如何将企业综合报告的基本概念与我国具体的经济发展环境相联系，并进一步找到适合中国特色社会主义发展模式的企业会计报告模式，是今后需要研究的方向。我国应结合自身国情和经济环境发展不断推进我国企业会计报告模式创新发展，在加强理论研究的基础上，我国企业要注重在提高信息披露质量上下功夫，以较大程度地满足利益相关者所需的信息需求。

1.1.1.1　什么是财务报告

财务报告是为满足一定经济环境的需要而编制的。财务报告是财务会计的重要组成部分，其主要是会计主体向外部利益相关者出示财务信息的载体。因此，财务会计的整体概念框架里本就该囊括财务报告。但令人遗憾的是，财务会计的整体概念框架里没有囊括专门针对财务报告发布相应的概念公告，这是目前财务会计体系的一个缺点。

报告的发展是反映性的，一般地说，文明的水平越高，簿记的方法就越精湛，会计资料与财务报告的客观性越强，财务报告对经济的影响力也越强。追溯会计与财务报告的发展历史，正是为了充分认识其发展现状，把握其发展的未来趋势。

1.1.1.2　什么是会计体系

会计制度是包括会计机构的设置、会计方法和会计程序在内的会计制度。会计制度的完善和应用将会直接地反映企业会计信息披露的真实性，还能影响企业的生存和发展。在学术文献中，会计制度往往随着经济制度的发展而进行演变。比如，越权提高补贴标准和补贴范围，近年来，各部门、各单位之间的越权提高补贴标准和补贴范围差别不大。会计制度又可以被称为"会计方法体系"，从这个角度出发，有利于充分认识会计工作对会计方法的要求。如图 1-1 所示。

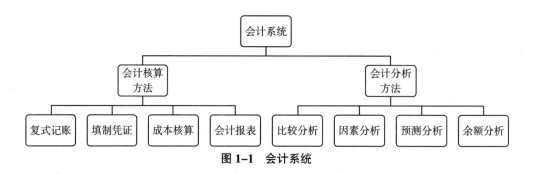

图 1-1　会计系统

1.1.1.3　财务报告与会计结合为财务会计

财务会计是现代企业的一项重要的基础性工作，其通过对企业已经完成的资金运动全面系统的核算与监督，服务于企业的经营管理以及社会经济效益。财务会计本身的目标之一就是编制通用财务报告。财务报告及其在会计体系中的地位如图 1-2 所示。

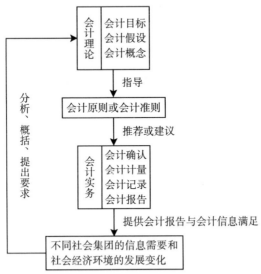

图 1-2　财务报告及其在会计体系中的地位

1.1.1.4　财务会计的影响因素与改进

财务会计作为一种人工经济信息系统，必然会受到宏微观经济和社会环境的影响。例如，经济、政治、法律、社会文化和科技等因素都会影响财务会计的成效。其中，最重要、最直接的因素还属经济因素，其可以通过社会经济发展水平、企业资金来源、与其他国家和地区经济联系密切程度、通货膨胀程度等多种因素的综合作用来直接影响和约束财务会计的具体项目，也可以通过间接影响政治、法律、文化、教育等其他类环境因素来对财务会计发挥作用。如表 1-1 所示。

表 1-1　影响因素

影响因素	特点	诠释
政治因素	波动性	随着世界各国对经济的重视，政治从直接转化为间接影响
法律因素	轻微性	法律对于财务会计的规定一般较少且多数是原则性的规定
社会文化因素	间接性	往往是以潜意识的方式实现的
教育因素	直接性	教育水平越高，意味着财务会计质量也越高
科技因素	多元性	科学技术的影响主要是在会计政策选择上和会计技术方面

对财务报告进行进一步的改进可以使其更好地满足信息使用者多样化的信息需求以及使企业内部资本和外部资本得到有效配置，以在整体上提高信息披露的质量。财务会计报告的编制整合并借鉴了国内外会计报告模式的编制技巧，披露过程中比较注重对企业价值创造能力有重大影响的各项因素，并强化人力资源、无形资产等基础广泛的资本相关的受托权责，最终形成了清晰明确的"综合报告+专项报告+综合报告"模式体系，从而对资本相关性有了更深的了解，逐步让财务报告具备充分性和可比性的特点，鼓励企业在综合报告中披露企业创造的可持续的价值、企业的财务和长期的企业战略等方面的情况，既有利于满足企业与关键利益相关者的信息需求并加强彼此的沟通，也有利于企业价值创造的共同关注，从而促进经济的持续稳定发展。

1.1.2 财务报告的沿革发展

在中华人民共和国成立到改革开放前的这段时间，中国实行的是集中度比较高的计划经济体制，而财务报告的体系模式主要服务于当时的政治经济，自然会计制度也是呈统一化的形式。但当时统一化会计研究的主要内容是会计的性质和对象等，很难形成一个科学的体系。随着改革开放步伐的不断前进，我国社会主义市场经济体制也随之完善，原有的统一化会计制度明显无法继续与我国的政治经济形势的要求相匹配。于是我国试图颁布《企业会计准则》来作为全国财务报告的会计核算标准。随后，我国又紧接着颁布了若干具体会计准则。这一系列的企业会计标准颁布，为进一步研究中国特色社会主义财务会计的概念框架打下了基础。

企业的会计信息质量在一定程度上可反映出其发展的水平。会计信息质量标准明确地规范了企业在披露会计信息时应满足什么样的质量标准，其可以使信息查看者知晓什么类型的信息才能真正满足投资者、债权人和其他利益相关者的需求。不同的会计信息质量可以通过可比性分析来评定，因此可比性这一特点广受各国企业的重视，在财务会计信息质量特征体系中占有重要地位。如表1-2所示。

国外会计界十分注重会计质量的可比性。一方面，美国注册会计师协会在其颁布的《改进企业报告——面向用户》的报告中除了强调相关性和可靠性外，还强调了财务会计报告所需要达到的信息质量标准以及可比性在质量标准中的重要性，如图 1-3 所示。

表 1-2 财务报告政策措施

时间	事件	诠释
1980 年 5 月	FASB 颁布 2 号财务公告《会计信息的质量特征》	会计信息质量特征分层主要包括相关性、可靠性、可比性等，并以"决策有用性"为核心
1989 年 7 月	IASB 规定高质量财务报告信息必须符合的四个质量特征	高质量财务报告信息具有相关性、可靠性、可比性和可理解性
2006 年	FASB 和 IASB 颁布的《财务报告概念框架：财务报告目标与决策有用的财务报告信息的质量特征》	将可比性、可理解性、可靠性和相关性四个特点一起列为企业所提供的财务报告信息应满足的质量要求

图 1-3 可比性的内容

另一方面，美国证券监督管理委员会前主席发表了关于"高质量会计准则的重要性"的演讲，Arthur Levitt（1988）主要从保护投资者利益的角度强调高质量的会计准则需要包括可比性、透明性和充分性这三个标准，企业只有囊括这三个特点的信息披露，才能使投资者充分通过披露的信息对其关注的公司做一些有利的价值分析。

此外，中国会计界也同样重视财务报告的可比性，认为财务报告改革需要重点朝着完善相关性、可靠性和可比性这三个方向展开布局（葛家澍，2005）。财务报告的具体演变如图 1-4 所示。

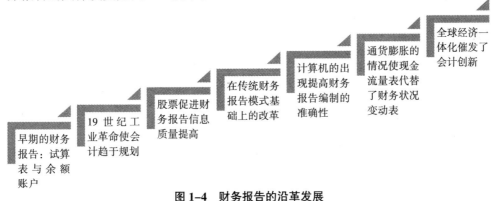

图 1-4 财务报告的沿革发展

1.1.2.1　早期的财务报告：试算表与余额账户

从 13 世纪到 16 世纪，是商业资本主义繁荣发展的阶段，财务会计出现的主要目的是对个体财产的记录与便于保管，主要是向业主本人提供管理信息。帕乔利推荐的试算表可能是最早的财务报告形式，在 15 世纪末广为采用。之后，财务报告是以余额账户的形式呈现给民众的，这种账户主要是将借方和贷方的余额款项进行顺序排列，它不仅验证总账结转的正确性，而且使汇总资产和权益的余额记入新总账的手续简单起来。它以标准簿记手续出现，但仍主要是作为清算与转账的手段来使用。

17 世纪，股份有限公司的出现，投入资金的股东与经营管理者分离，因为债权者和股东均要求得到与他们的投资有关的资料，有利害关系者对与账簿分离的独立财务报表的要求更为强烈。早期以个体财产的记录与保管财务报告就不再适用了，不久以后被只反映计算结果而不反映其过程的"账户"式和"报告"式财务报表取而代之。这一时期，资产负债表成为主流的财务报告形式。这一时期的财务报告需求者仅仅关注资产和资本的数据记录，认为收益只反映一个会计期间中的资本纯变化，是不怎么重视费用支出和资金的收益情况的。

1.1.2.2　19 世纪工业革命使会计趋于规划

工业革命带来了资本主义的高速发展，会计从传统的庄园会计和商业会计发展到工业会计，折旧会计、成本会计开始出现并发展。1856 年，英国公司法首次从法律上规定了财务报告中的资产负债表所适用的标准化格式。英国公司法正式承认资产负债表，财务报表成为簿记的主要目的，簿记学发展到会计学阶段，这时会计循环的实践与理论开始形成。由于英国的公司管理者的首要责任就是由股票出售公司给予的，所以财务报告标准格式的首要任务就是分析股票带来的永久性资本和由收入产生的永久性资产；而受托责任的最后两个项目是意外损失备用和分红备用，对应的项目是成为其基金的现金和营业资产。故资产负债表不再是简单地将借方和贷方的项目余额进行简单的排列，而是在逻辑分析的基础上对款项资料加以说明并排列。

由此，早期的财务报告审计是任意审计，主要针对账目进行查错防弊，自 1845 年英国修改公司法后，财务报告审计成为法定审计。随着经济的不断变化，审计从会计账目扩大到资产负债表审计，再扩大到对全部财务报表的审计；从仅对投资者与债权人负责扩大到对全体社会公众负责。对财务报告的审计增加了财务报告的公正性与可靠性。

股份公司逐步发展为商品经济的重要组织形式后，企业的所有权与经营权进一步分离，绝大多数股东已完全脱离经营管理，此外，由于金融资本不断对外扩张和渗透，自此使债权人的风险也增加了。由于所有者与债权人主要依据经营者提交的财务报告来了解企业财务状况与经营成果，因此需要有一个来自企业外部的持独立、客观、公正立场的第三者对企业财务报告的真实性与合法性做出判断，审计由此应运而生。

1.1.2.3　股票促进财务报告信息质量提高

20 世纪 20 年代以后，以信用为目的的资产负债表急剧衰落，企业逐渐采用发行股票的办法而不是向银行贷款的方法来筹资。当股票发行成为外部资金的主要来源，股东成为财务报告的主要读者时，损益表就成为更有意义的报告书。因为股东与投资市场上潜在的投资者需要根据公司的经营成果做出投资决策。随着这种转变，逐步形成了以损益表为中心的报表衔接观念，企业损益的确定和报告日益成为财务会计的主要目标。另外，所得税与成本会计的迅速发展，一方面使企业致力于寻找更好的固定资产折旧方法和存货计价的最合理方法，另一方面也使人们对企业的盈利额外负担与费用也关心起来，成本会计信息进入财务报告系统内。长期的债权人发现，收益能力比偿付能力的测试更为重要。

而后，20 世纪 30 年代，大多数经济发达国家处于经济萧条时期，许多公司陷入无力偿付债务的窘迫局面，政府和社会公众对公司财务报告的真实性要求进一步提高。如美国政府于 1933 年公布的证券法规和 1934 年公布的证券交易法规，要求强制检查在证券交易所上市的有价证券的所有公司的各种财务报表。

由于送交证券交易管理委员会的会计报表必须按公认的会计原则编制，并经过独立会计师的审定，这样就促使会计学家和会计专业团体对编制会计报表所应依据的会计原则及其基础理论进行认真的研讨，借以改进会计实务，以使财务报告的编制与披露遵循公认会计原则（GAAP）。基于公认会计原则的财务报告，其信息质量大大提高。

1.1.2.4　在传统财务报告模式基础上的改革

爱德华兹和贝尔两位经济学教授于 1961 年联合出版了《企业收入理论与计量》。全书主要是从经济学的角度出发研究企业收入理论，并计划说明这一理论在应用时如何与会计记录和报告相匹配，进而具有一致性。两位教授认为，适应性的收入计量方法一方面会有利于企业内部的经营决策，另一方面也将使企业外部的个人和群体获得更大的收益。但是，现阶段的财务报告主要还是使用历史成本计量模型以及货币资金保全的概念。也就意味着，当市场价格发生波动的时候，企业的有形资本就很难受到保护，甚至容易因波动而产生亏损。据此，要想解决这一难题，就应该将历史成本计量模型以及货币资金保全的概念进行重新衡量、确认和计量，并及时对财务报告收入计量方法进行相应调整，以提高报告的有效性。此后，在 1966 年，美国会计协会出台了《会计基本理论解释》，指出会计是一个确认、计量和传递经济信息的过程，目的是为教育工作者、实务工作者和其他与财务会计相关者提供全面的会计理论解释，使信息使用者能够做出明智的判断和决定。

紧随着历史的渐渐演变，财务报表从最开始的简单总账记录到后期的复式簿记系统，最后到现代比较完整的财务报告体系。其中，以三表体系为主体的财务报告就是现阶段会计实务中经常使用的，其是在工业革命开始后才出现并应用的。此后，由于企业的投资主体逐渐多元化，企业与外部的关系日趋复杂，企业资金来源渠道日益广泛，资金运用更为灵活，如何经营、投资与理财也就日趋重要。会计信息使用者需要企业汇总账目款项明细来展示其在报告期内资金来源与运用情况。根据这样的需要，1972 年美国会计原则委员会发布了第 19 号意见书《财务状况变动的报告》，要求企业必须提供该表。因此，自 20 世纪 70 年代以来，财务状况变动表一直是西方三大财务报表之一。对编制中采用以现金为基础的资金概念或营运资本的资金概念无严格限制。

若只有报告历史成本反映的信息，这就可能只报告当期成本反映的信息而剔除了环境对企业的影响，最终掩盖了市场交易完成的实际财务发生情况。从 20 世纪 60 年代以来，国外就针对研究财务报告的缺陷进行研究并努力寻找克服缺点的相应措施。这些前沿的研究主要分为两个阵营：在传统财务报告模式基础上的改革、创新财务报告模式。

1.1.2.5　计算机的出现提高财务报告编制的准确性

20 世纪 50 年代，人们开始运用计算机进行会计信息的处理。会计数据处理经历了三个阶段后步入计算机化、电算化：初级阶段（1953~1965 年）主要为了弥补手工操作和简单的机械操作的缺陷，处理大量计算简单且重复率高的核算业务，数据处理方式多采用批处理。发展阶段（1965~1970 年）重点是综合加工各个独立的会计款项数据，并把会计数据汇总为一个综合信息系统，并在系统中加强财务信息之间的反馈。在数据处理方式上，除批处理外，也开始采用实时处理。第三阶段（20世纪70年代后）出现了计算机网络和软件方面的飞速发展，数据库应用的推广促进了企业管理信息的综合化和系统化，会计信息系统（AIS）与MIS共享资源信息。

计算机在会计中的普遍运用，可与复式簿记在会计中的应用相比拟，对财务报告有划时代的影响。它是会计在计算与记录技术方面的重大革命；提高了会计信息与财务报告的精确性和及时性；扩大了会计信息与财务报告的范围，可以反映过去、现在和未来的资料。

1.1.2.6 通货膨胀的情况使现金流量表代替了财务状况变动表

自20世纪70年代中期以来，许多西方国家经历了接连而来的通货膨胀，致使大部分企业都出现了严重的现金短缺的状况。其中，一些企业虽然利润丰厚，但由于偿付的能力还不够，甚至可能面临要破产清算的境地。但仅限于用营运资金来评估企业的资金状况、评定企业的流动性和不完整性，以及用所得收益来评价企业的经营业绩和盈利能力是不太准确的。因此，不管是处于企业内部的组织管理部门还是位于企业外部的利益相关者，他们都非常看重与企业重大决策有关的现金流信息。因此，为了满足报表使用者对现金流量的需求，编制以现金流动性指标为主的基础财务状况变动表的公司逐年增多。

在1987年11月，美国财务会计准则委员会颁布了命名为95号公告的《现金流量表》这一文件，其中要求相关企业此后主要注重现金流量表的编制标准，逐步以现金流量表取代财务状况变动表。这样一来在整个报表或报告体系中突出了两表相呼应的作用，即以资产负债表全面反映企业的财务状况，以现金流量表反映企业的主要财务变动情况，可以说这是一个历史性的进步。

1.1.2.7 经济全球一体化催发了会计创新

随着国际贸易、国际投资和跨国公司业务的急剧发展，国家间的交流与经济信息传输日益密切与频繁，经济环境呈现出一体化的趋势。近20年来，新的经济情况层出不穷，许多情况给传统会计的确认与计量原则造成巨大冲击，如人力资源会计、衍生金融工具等。会计作为一个信息系统，对国家间经济信息的传输和交流起着重要作用，必然促使其本身发生深刻的变革，以适应国际社会经济发展的需要。跨国公司为合并其遍布世界各地的子公司报表，需要将按不同外币

（当地货币）表述的报表折算为以母公司报告货币（本国货币）表述的报表，就出现了外币折算报表。而集团化的经营，需要一种能反映公司集团整体情况的财务报表，合并报表应运而生。

另外，财务会计报表对会计信息的形成与输出受到严格的限制，这虽然保证了会计信息的质量，但也影响了会计信息在表内的反映。于是许多影响会计信息使用者对企业财务与经营情况的正确理解，而不能被财务报表确认的许多要素都在报表之外，以旁注、底注、附表及其他各种形式进行披露，造成了大量的表外信息。据安永（Emst & Young）国际会计公司主席葛罗夫斯（Groves）的一项调查，自1972年以来，美国公司年度报表信息量每年以平均3.1%的速度递增，而同期附注等表外披露的内容增长速度则达到37.5%。同时，财务报告的使用者也不再局限于股东与债权人，而是面向全体利益相关者（Stakeholders）。如英国会计准则委员会所公布的《公司报告》中将需要企业提供财务报告的社会集团分为产权投资人、贷款债权人、客户、政府主管机构、社会大众、企业职工和注册财务分析师。不同的信息使用者对信息的需要重点不一，而表外披露的灵活性与广泛性一定程度上符合了不同信息需求者的不同需要。

1.1.3　现行财务报告存在的问题

财务报告主要是用来向利益相关者报备企业在报告期内的经营业绩成果以及现金款项流量的报告制度。大多数国家从财务报告或财务会计出发，主要目的就是推导得出财务会计的整体概念框架。国外越来越重视综合收益表、颜色报告等财务报告方法，而我国却还停留在财务报表的形式上，这一形式上的变革实际上无法为决策提供有用的信息。而仅仅在措辞上将"报表"改为"报告"并不是一种改进，而只是在做表面的工作，没有深入本质。因此，我国在制定类似的财务会计概念框架时也应该借鉴国外在这方面的经验，制定出具有前瞻性和逻辑一致性的财务会计概念框架。

在知识经济时代，我国的政治经济环境也渐趋繁杂，利益相关者更加重视提高财务报告的信息读取能力来执行相关的决策。然而，通过对现行的企业会计报告模式发展在信息集成方面进行研究，发现当前的财务报告是从传统工业经济时代的财务报告演变而来的，简单的一般报表形式越来越不能满足利益相关者的信息需求。英国发表的有关企业财务会计准则的研究报告指明，企业报告最大的缺陷是不重视使用当前的资产负债表和未来的损益表，以至于无法披露与企业发展的实际情况相匹配的信息。它们只看向过去而不向前看，未来就无法满足市场经济的要求。因此，十分有必要为适应新形势的需要对现有会计报告模式进行改进。财务报告改进主要有以下几个问题：

第一，财务报告提供的会计信息不完整。美国会计协会会计与审计计量委员联合声明：现行的财务报表只注重核算企业在报告期内购建的无形资产，而几乎不核算自创无形资产，然而，在知识经济的背景下，群众越来越关注无形资产，他们认为无形资产才是财富创造的真正动力。这就导致了当前会计报表信息出现了严重不完整的现象。

第二，财务报表的重点有失偏颇。财务报表往往侧重于履行法律形式，而不是交易和事件的经济性。就此相关问题，英国总结并发布了《未来财务报告模式》的研究报告，说明了现行企业运行使用的财务报告还存在五个方面的不足。

第三，会计信息失去相关性。自 20 世纪 90 年代末以来，美国会计界就争议不断，接连受到学术界、国会以及政府监管机构的谴责，主要指责企业报告缺乏面向未来的信息而无法提供有价值的信息，反映了企业报告的重要地位正在弱化，其所披露的财务会计信息也正在使信息相关性遗失。据此，注册会计师协会应给了重视并采取措施制定更加有效的会计准则，提高会计信息的相关性。

1.1.4 现行财务报告革新原则

在以可持续发展为发展目标的前提下，系统地整合企业在经营管理过程中的财务与非财务信息，就可较大程度地弥补财务报告在现行会计报告模式中存在的缺陷。我国在解决现行企业会计报告模式中存在的不足时也应该遵守相应的原则。

1.1.4.1 可持续发展原则

企业在达到利润最大化目标的同时，也需要考虑生产经营活动对环境的影响并担负着保护社会环境的责任，可以说，企业对社会财富的创造和完成经济可持续发展有着十分重要的作用。企业在可持续价值观的影响下，会更加注重保持政治、经济和社会环境的动态发展，从而整合信息扩大了原有的价值观。从某种意义上讲，优先考虑可持续发展原则使综合报告在整体上扩大了价值创造能力，其编制的本质意义就是将企业的财务信息和非财务信息融入可持续发展的理念之后再进行披露。

1.1.4.2　利益相关者原则

随着知识经济的发展，信息用户加大了对企业的社会责任的重视程度。从财务信息用户的角度来看，企业作为代理人需要明确地把握企业信息的方方面面。在代理人与被代理人之间很难避免地存在着信息不对称的现象，使信息使用者很难了解到企业经营状况的全面信息。目前的会计报告主要崇尚"股东至上"的理论，而对其余的信息使用者的多元化需求则较少给予关心。非财务报告的出现即使缓解了一部分这方面的不足，但是其在一定程度上不具有标准化和全面性的特点，容易导致信息冗杂的现象。现行会计报告应兼顾所有信息使用者的整体需求和利益，综合展示企业的价值创造能力并兼顾信息使用者的相关需求。

1.1.4.3　决策相关原则

现行会计报告编制必须遵守用户价值的原则，即企业需为信息使用者提供与决策相关的信息。企业应该明确地向利益相关者提供和其决策有关的信息，这是编制当期会计报告应保证的原则。在新时代下，财务报告信息在信息用户进行投资决策过程中的作用越来越关键，信息用户更加注重企业在价值创造方面的信息披露需求，用户信息需求的多样化要求企业全面揭示其现行的可持续价值创造能力。然而，现有会计报告大多以一般报表的形式存在，孤立的报表很难使信息使用者清晰地做出投资决策。而综合报告的编制是将企业的财务业绩、组织管理和经营绩效与综合报告相结合，一方面可以体现企业履行社会和环境保护的责任，另一方面也可以展示企业的经营管理方式和所能创造的最大价值。

企业财务、组织管理战略制定以及社会环境判断等都是信息用户所关注的重要信息，会计报告应该全面向信息使用者提供这类信息。但是当下我国的企业财务报告之间有孤立存在的现象，无法揭示企业的可持续性价值创造能力，不能满足信息使用者做出科学合理的决策的需求。因此，我国应结合知识经济时代特点，编制综合财务报告，清晰明确地展现企业是如何管理、创造和保持可持续性的价值创造能力，进一步地满足对企业的真实价值进行全面的评估需求。

1.1.4.4　灵活性原则

企业的会计系统是一个可以适应市场、经济环境和信息使用者需求变化的有机整体。随着政治经济环境和利益相关者的信息需求等各方面要素的更替，企业会计报告的编制和披露必然也会受到影响，这时候就需要会计系统具有自我调节力。财务信息是企业财务报告中披露的主要信息，非财务信息为次要信息。但在知识经济环境下，财务报告是财务信息用户做决策的重要依据，披露的信息质量与信息的全面性成为信息使用者的主要需求，信息使用者需要的不仅仅是企业的财务信息，也逐渐对非财务信息开始重视，为了使信息使用者掌握企业的信息更为详细，企业需在披露财务信息的同时也对非财务信息进行披露。

1.1.5 现行财务报告需要革新的思路

财务报告模式的缺陷很大程度上限制了会计报告模式快速发展的趋势，会计界也意识到，目前的财务报告越来越不能满足社会民众的需求。为了适应知识经济时代的发展，应该借鉴国内外国际综合报告委员会提出的综合报告的经验，对我国正在执行的财务报告模式向综合报告模式的方向进行革新。财务报告专委会在发布的《关于改进企业报告客户导向的报告》中为财务报告的改革罗列了很多项方案。

1996 年，沃尔曼针对其当时财务报告存在的不足，提出了多层次披露的"色彩报道模式"。整个报告模式分为四个层次，如图 1-5 所示。而我国现行的财务报告模式可以类属于典型的"黑白"模式，即非黑即白，如果财务项目能够得到确认，就可以列入财务报表；反之，就无法纳入财务报表。

图 1-5 色彩报道模式要点

1.1.5.1 可持续发展理念的不断渗透

保持经济、社会和环境的协调发展是可持续发展的基本理念，可持续发展理念是要求企业维护公平的社会秩序，不拿环境损坏来换取经济效益，其为以实现人与社会经济的均衡发展为最终目标的可持续发展概念的提出创造了条件。从宏观上讲，可持续发展理念的践行是为了保证社会经济的和谐发展；从微观上讲，可持续发展的概念可以促使企业全面发展，其可在谋求自身利益时能够兼顾社会责任。在推进社会经济增长的诸多影响因素中，企业担任着最重要的角色并肩负着相应的使命。在可持续发展理念的宏微观经济环境中，企业应在会计报告中披露政治、经济等各方面的信息，并在整个生产经营环节中贯彻落实可持续发展战略。

尽管可持续发展理念的普及给企业带来了提升价值的空间和诸多利益，但若要把可持续发展战略运用在财务会计报告的披露中是需要许多辅助条件的，其中，要求在最终公布会计报告时，综合有效地整合企业各类财务信息和非财务信息。但从目前的会计报告模式来看，为了将财务报告和非财务报告有机地结合起来，就应该采取措施对当期的财务会计报告模式进行改进。

1.1.5.2 信息用户的信息需求

在当前的宏观经济环境下，企业的发展存在着许多不确定性，企业财务报告的信息用户也存在差异，不同的信息使用者寻求有助于自身利益的信息也不同，因此信息用户对信息的需求也不尽相同，呈现出多样化的信息需求的特点，如图1-6所示。

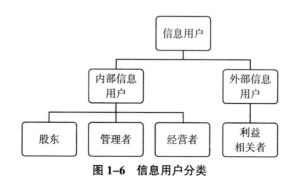

图1-6 信息用户分类

在工业经济时代，信息需求用户主要通过财务信息来了解企业的经营信息情况，当时，会计报告模式侧重对企业已经发生的经营活动信息的披露，偏向事后控制，尚不能满足信息使用者在经济事前和事中进行控制的要求。但在知识经济时代，信息使用者在对企业的信息需求上，不仅对定量的信息产生需求，同时还对定性的信息产生需求。首先，定性信息既包含经准确描述的确定性信息，还包含模棱两可的不确定性信息。其次，他们不仅重视企业的财务信息，还需要较为详细的非财务信息，例如社会责任信息、经营绩效信息、人力资源信息、企业背景信息、预测性信息等。最后，伴随市场经济的发展，信息使用者在信息的诉求上不仅仅局限于企业的历史信息，还需要企业的未来信息。因此，面对不同的信息需求，要求企业在会计报告中所披露的信息内容应更加重视多元化信息需求。为了便于信息使用者进行正确的决策，对现行的会计报告模式加以改进是大势所趋。

改进现行的会计报告模式是大势所趋。为了让不同信息用户的多样化信息需求与其实际获得的信息相匹配，企业在财务会计报告中披露的信息也应当有所不同。有些信息用户只关注企业披露的财务信息，但大部分信息使用者既重视财务信息又重视非财务信息。在工业经济时代，利益相关者主要通过财务信息来掌握企业的经营状况，而在知识经济时代，信息使用者只重视企业的财务信息就会处于孤立片面的境地，若只使用定量信息则会导致披露信息缺乏灵活性。而且，在知识经济时代下，为了方便信息使用者做出正确的决策，用户对信息的需求不仅限于企业的历史信息，还需要企业的未来信息。因此，现行的会计报告模式需要对综合信息加以重视，注重事后对企业发生的经营活动进行全方位的信息披露。

1.1.5.3　缓解综合报告带来的冲击

综合报告又可以叫作整合报告。综合报告注重信息完整、简明和相关性，这些优势不仅有利于利益相关者更清楚地了解企业真实发展状况，也有利于达到可持续发展的目标，如图 1-7 所示。

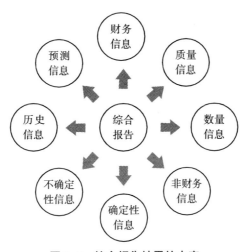

图 1-7　综合报告披露的内容

第一，综合报告为信息需求用户提供所需要的信息。综合报告正是以一种完整、简明的方式来达到信息用户的多元化需求，进而让信息用户更加简明地知晓与自身利益相关的决策信息，具体如表 1-3 所示。

表 1-3　信息需求用户

信息需求用户	与企业的关系	关注信息的焦点
投资者	提供资金投资，承担着企业的管理和财务风险	收益与投资资金对比
员工	企业经营的参与者	生产经营过程实施战略
企业	主角	经营业绩成果

第二，增加财务会计报告的透明度以及价值创造空间。综合报告系统集成了企业的财务、环境、社会和治理信息，缓解了当前财务会计报告存在的不足之处。综合报告信息披露的优势主要是可以增加会计报告的透明度并提高财务和非财务信息的质量，按照这个原则编制综合报表有利于企业自身和信息使用的利益相关者进行价值获取。首先，与企业自身相比，较一般财务报告，综合报告可以更多地了解企业在日常经营管理中的内部资源配置和价值制造，甚至谋求企业未来发展的战略布局。其次，就外部信息使用者的角度来看，企业选择综合报告可以为他们展示企业所拥有的社会资源及价值创造的信息，使外部信息使用者的信息需求在综合报告中很好地被反映。据此，编制综合报告一方面可以提高企业信息披露的质量，另一方面可以使企业会计报告更具有透明和时效性的特点，而且使信息使用者能够快速掌握企业内部价值的关键信息进行正确决策。

第三，打破了现行企业会计报告模式的局限性。原有的一般财务会计报表存在着时效性滞后和片面性的特点，唯一的财务信息不能反映企业的真实内在价值，这很大程度上成为现行企业会计报告模式的局限。当下我国正处于知识经济时代，在市场经济的运行由可持续发展的理念进行深入贯彻的情况下，全面报告在整合信息使用者更全面的信息需求的基础上，能够有效地将财务报告与非财务报告结合起来，充分反映企业的真实经营状况和实际价值，从而攻克了财务信息缺乏相关性的难题，还可以进一步地预测企业在未来发展上的前沿信息，提高了会计信息的可靠性和披露质量。

1.2 财务报告发展的影响因素

财务报告主要说明企业的生产经营状况和各项财产物资变动情况等，财务报告的发展过程就是不断地完善的过程。随着网络和技术的发展，经济发展环境也紧随着不断变迁，自然，财务报告的发展也会不断加快步伐，经济环境变迁可以成为促使财务报告发展的原动力。

1.2.1 会计环境影响财务报告

环境的变化不断地推动财务报告的发展，而财务报告又在不断演进过程中，反映着变化着的社会经济环境。不同的经济环境有不同的经济重点与经济问题，报告主体的组织形式及其业务范围也会随之改变，同时会计报告使用者的需求也会有所变化。报告主体与会计信息使用者，前者是会计报告的基石，后者是会计报告的最终目的所在，因与果都发生变化，必然引起会计报告这一过程的改变。会计环境正是通过对报告主体与信息需求者的作用影响会计报告，具体如表 1-4 所示。

表 1-4　环境因素对财务报告的影响

环境因素分类	环境因素项目	作用对象	作用方式
经济因素	经济发展水平	财务报告的内容	主要是直接
	经济发展模式	财务报告的内容	主要是直接
	企业组织形式	财务报告的内容	直接
	企业资本取得方式	财务报告的内容	直接
非经济因素	信息处理技术	财务报告的内容、形式	直接
	社会文化	财务报告的内容、形式	主要是间接
	普通教育和专业教育	财务报告的内容、形式	主要是间接
	政治法律	财务报告的内容、形式	主要是直接

1.2.1.1 经济因素对财务报告的影响

在各类影响财务报告的环境因素中，经济因素是最直接、最大限度的影响因素，包括经济发展水平、经济发展方式、企业组织形式和资本获取方式。

财务报告的发展状况与所处的经济环境存在密切相关的关系，财务报告应随着适应经济发展的方向而不断完善，以提供给不同信息用户相应的信息需求。经济环境对财务报告的影响如图 1-8 所示。在工业经济时期，财务报告主要以三大财务报表为基础，分别为资产负债表、现金流量表和损益表。在这种会计报告模式下，会计主体主要对企业的内部财务信息进行核算并披露，大体地展示和督察了企业经营业务的相关内容。然而，在社会经济环境的变迁下，传统的企业一般会计报告模式存在着缺陷，且在利益相关者理论和可持续发展理念的冲击下，无法与时俱进的财务报告主要是无法准确地展示给利益相关者所需要的信息以及不能反映企业的真实价值创造。

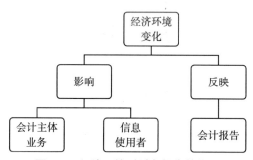

图 1-8 经济环境对财务报告的作用

当其他因素都不变时，经济业务的内容和形式会随着经济发展水平的高低而同趋势变动，随之，会计核算的范围和内容也会同方向地增减，最终影响财务报告的重要性程度。例如，在商品经济发展水平还较低的时候，会计核算的内容就只是以钱币为代表的一些简单款项。在工业经济发展趋于规模化的时期，生产作业中引入了固定资产和存货等较为复杂的项目。而在当今经济发达时期，经营内容和经营形式都趋于复杂化，会计核算的对象范围不断扩大，会计信息的使用者对信息的需求也更加细化和深化。由此可知，经济发展水平的差异积累到一定程度就会对财务报告产生影响，经济发展的演变趋势下正附带着财务报告的模式也开始从量变到质变进行变化。

此外，一个区域的经济发展方式会直接影响企业财务报告需要服务的对象，使信息披露的内容和方法都呈现不一样的形式。在自由经济国家，市场自我调节的作用起到了很好的作用，财务报告所披露的信息能很好地符合客户的需求。在20世纪初期时，债权人是企业财务报告主要服务的对象，财务报告制度的重点是反映企业偿付能力的资产负债表。到20世纪三四十年代，市场上有大量股份有限公司出现，投资者是企业财务报告主要服务的对象，财务报告制度的重点是以损益表为中心的模式。20世纪六七十年代，由于物价上涨和市场竞争加剧，用户需要更全面地了解企业财务状况信息，财务报告所披露的内容主要为财务状况变动表。此后，随着国际竞争的日趋激烈，会计信息使用者开始重视综合信息的使用，最终财务报表扩展成为财务报告。

1.2.1.2　科学技术因素对财务报告的影响

科学技术的发展可以提高财务报告编制和发布的效率。在中文书写报告阶段，由于当时书写工具的速度慢且不便携带，使记账报告的使用和收集过程冗杂。当纸张广泛普及时，为扩大信息内容和改进财务报告的形式提供了技术支持，便走向了数据组合记账的报表编制阶段。在这个阶段，在轻薄而宽泛的纸张上，会计记录和报表编制可自由组合，此外，纸质记账凭证不仅便于检查、携带和传递，而且便于收集、储存和检索，很快就会被人们所熟练掌握。

近年来，大数据算法和互联网技术的飞速发展为发展所谓的"实时报告"提供了技术依据，使传统的财务报告形式得以颠覆。会计工作的计算机化可以处理海量的大数据，攻克了手工方法无法跨越的难题，较大程度地提高了工作质量并降低了会计人员的工作量，丰富了财务报告模式。

1.2.1.3　文化教育因素对财务报告的影响

文化是一个社会和民族长期积累的精神财富，如表1-5所示。

表1-5　文化对财务报告的影响

文化对财务报告的影响	诠释
社会成员审慎和保密倾向	社会成员的保密倾向会影响财务报告披露的信息数量，以及对信息需求的反应速度
社会成员相互信任程度	其影响信息供给和需求矛盾的解决方式
信息使用者的观念和关注焦点	影响财务报告内容的重点
社会对会计职业态度	影响从业人员的优秀程度，从而间接影响报告的发展
专业教育水平的高低	普通教育的水平和状况不同，信息使用者的文化素质和文化水平状况也会存在较大差异，报告提供的水平和报告需求的要求的差异也会对财务报告产生影响

1.2.1.4 政治法律因素对财务报告的影响

一个国家的整体政治环境将可能直接影响该国的财务报告模式，其中最主要的方式便是通过法律法规来直接影响财务报告模式。由于各国在法律制度上存在差异，导致了各国对财务报告信息披露的质量也标准不一，如图1-9所示。

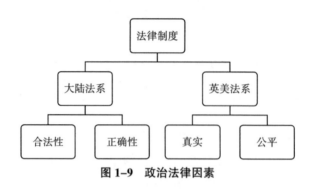

图1-9　政治法律因素

1.2.2　报告主体对财务报告的影响

利润表、现金流量表和资产负债表等都是财务报告的主要内容，财务报告主要是对企业的财务进出状况和经营业绩成果进行信息披露的一种书面文件，其编制的目的主要是向利益相关者提供他们需要关注的会计信息，对企业管理工作与业绩经营情况有所了解，以便他们做出理性的经济决策。从国际上看，财务报告的编制有特殊的独立准则，但在我国的法律法规中一般称其为"财务会计报告"。而会计报告又可以叫作财务报告，这一名称能更好地与国际保持一致。

1.2.2.1 报告主体是财务报告的编制者

财务报告分析的主体是财务报告的使用者，包括投资者、注册会计师、企业工会组织、政府经济管理部门、企业经营管理者、债权人。不同的分析主体其分析的目的不同，所分析的内容与重点也有差异。

从理论上说，报告主体提供越详尽、可靠、可比和及时的信息，对信息使用者与整个社会资源配置都越有利。一般来说，会计主体是指独立核算的经济组织。比如说一个车间是一个会计主体，车间下面的独立核算的班组也可以是一个会计主体属。但是，报告主体提供财务报告需要付出成本。具体地说，包括处理与提供信息的成本、信息披露引起的诉讼成本、披露导致的竞争劣势而产生的成本。一般来说，企业提供的信息越多，付出的成本也越大。正因为企业编制与披露财务报告中存在着成本与效益的一种矛盾需求，从而使财务报告反映的信息总处于一种供需的矛盾中。

1.2.2.2 报告主体是财务报告的反映对象

财务报告只是一个微观信息系统，其所反映的会计信息是关于报告主体的，而不是关于产业部门或整个经济的。财务会计的对象就是反映与控制在一个主体经济活动中的价值运动。企业从筹资生产到利润分配的资金或资本运动经过财务会计系统的处理，最后以财务报告的形式输出。在财务会计中，三大会计报表始终处于核心与主导地位。另外，表外信息也从其他多方面对报告主体进行了定性或定量的描述。

1.2.2.3 财务报告的分析目的具有差异化

不同的分析主体有不同的分析目的，如表 1-6 所示。

表 1-6　财务报告的分析目的

分析主体	分析目的	分析重点
投资者	获得投资收益、考核经营管理	企业盈利和发展能力
债权人	收回借款和利息	偿债能力、盈利能力和产生现金能力
企业经营管理者	管理企业经营活动并制定战略规划，利用财务报告进行经营分析	盈利能力、偿债能力、经营效率、发展能力、社会存在价值等
政府经济管理部门	经济政策分析与税务分析	企业发展、社会价值分配等
企业工会组织	争取职工合理工资、福利等	企业社会价值分配、盈利能力等
注册会计师	公正审计和避免审计错误以提高财务报告的可行度	分析稽核关系及各种财务和经营特性

1.2.3　信息使用者对财务报告的影响

现代会计理论认为，财务会计的目的之一就是为企业外部利害关系人提供有利于经济决策的会计信息和向所有者报告受托责任的履行情况。因此，财务报告信息使用者的需求方向会对财务报告产生一定的影响。

1.2.3.1 满足信息使用者的需求是财务报告的目的

正如美国财务会计准则委员会（FASB）公布的财务会计概念公告 1 号（SFAC NO.1）中所述："作为是最有效的信息披露方式，财务报告的目的就是在披露的基础上总结对企业经营管理决策有用的信息"，"而且编制财务报告的目的会随着宏微观环境的变化而发生变化。"图 1–10 详尽地描述了财务报告可以提供的信息及其如何满足用户需要。

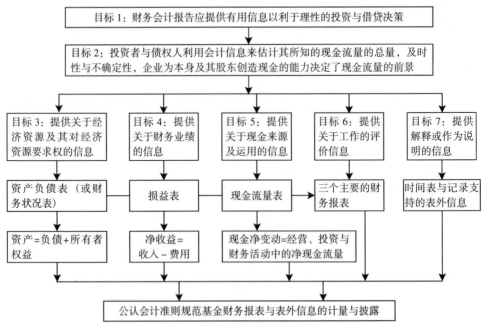

图 1–10　财务报告信息披露方式

1.2.3.2　可获得财务报告的途径决定财务报告的公布方式

正因为财务报告的目的就是在披露的基础上总结对企业经营管理决策有用的信息，最终满足信息使用者的需要，所以如何将财务报告传递到财务报告使用者手中，成了一个现实问题。

在 13~14 世纪，由于公共传播手段极不发达，企业之外的人很难得到财务报告，所以财务报告也只能反映业主对自己资产的保管与使用。工业革命后，由于电话、报业等公共传播业的发展，使财务报告对外公布成为可能，信息使用者可以从报纸、广播、电视等很多途径获得。20 世纪 50 年代以来，计算机与网络的发展使信息传输的速度大大加快，财务报告使用者获得信息的途径大大增加。这对财务报告的编制提出了新的要求，不仅需要财务报告符合公认的会计准则，而且要财务报告具有通过数字技术以无形的方式传播的能力。由此，网络财务报告也成为新热点。

❷
综合财务报告确立的基础与现状

2.1 企业内部控制中的财务报告

作为管理科学的一部分，企业文化不仅在逐渐地发展和进一步地完善，同时也开始和多个学科进行交叉结合，由此在一定程度上也必定会对内部控制相关理论起到重要作用。所以，如果要企业提高其内部控制水平，为加强企业文化的建设提供思路，就需要为企业制定完善的内部控制设计制度。

2.1.1 内部控制理论

内部控制关系到内部制度的很多活动，并不是单单只有一个独立的活动。如在一般情况下，企业的所有经营收入都要求能够在账户中被准确无误地记录，上述这种情况可以说是内部控制的一个重要部分。然而，如果在这个过程中出现错误或者遗漏，则必须调整账户以消除相关的错误。与此同时，从整体上说，内部控制系统是一个非常复杂的系统，而所有的上述规定和程序均是内部控制体系的一部分，尝试使用内部控制系统来进行独立检查每个事务，这可能不符现实或可能是无用的，因为内部控制并不只是一个简单的概念，而是与多个学科交叉融合的复杂体系。

内部控制是通过制定和实施相应的政策和规定，以确保企业的正常经营、资产的完整和安全及财务的合法性、真实性和完整性等，当然在公司企业完善财务信息、保证资产完整安全、确保法律法规有效实施等方面也起到了重要作用。从内部控制理论的形成，直到现在，在全世界范围内有许多学者对此进行了研究，也产生了许多研究成果，它们大多都是以 Kosor 报告为代表，并产生了一系列重要的影响。大多数上市公司的控制程序结构都并不简单，而是存在一定程度上的复杂性。从传统的组织结构的角度出发，每一个业务单位或活动都具有不同层次的人员，如可以分为高级和中级管理人员。而且，对于不同层次、不同部门，它们的控制过程并不完全一样，也存在一定程度上的差异。由五要素发展到八要素的过程，如图 2-1 所示。

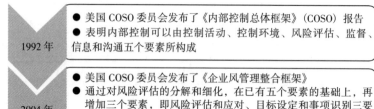

图 2-1　五要素发展到八要素的过程

由此，本书准备对从五要素延伸到八要素所形成的成果进行分析研究。内部控制八要素具体分析如表 2-1 所示。

表 2-1　内部控制八要素分析

八要素类型	含义	特点
内部控制环境	是企业进行内部控制的基础，一般由治理结构、机构设置及权责分配、内部审计、人力资源政策、企业文化等组成	外界环境和内部控制制度交互作用的过程，也就是内部控制功能的发挥过程，外部指的是经济结构、经济体制以及法律环境等
目标设定	明确设定什么样的目标，这有利于高级管理者更清楚对目标达成会产生影响的有关事项	通过相关程序及措施设定目标，并使之与主体间的使命相联系，与其风险的容量相匹配
事项识别	识别对相关目标的实现会有影响的事项	在事项识别时，识别外部以及内部资源当中潜在事项对目标实现所产生的作用
风险评估	指识别与目标相关的负面风险	可作为进行管理的依据
风险应对	企业的管理层采取相应措施，防范应对可能风险	选择成本效益，采取策略、措施把风险防范在科学合理的范围
控制活动	企业管理层制定相应措施，使能最大化实施风险应对策略	在开展控制活动过程中，对授权控制、预算控制、会计系统控制等要充分地关注

续表

八要素类型	含义	特点
信息与沟通	通过收集汇总大量内部和外部信息,对推动公司员工认真履责和提高企业管理职能有很大的影响	信息与沟通首先是保证内部控制效率和效果的重要手段。其次是对实行控制活动、开展内部控制监督工作和实现内部控制目标起保障作用
监控	主要监督内部控制的相关设计和具体运行过程	它是不断进行监督与个别评估间相互关联所产生的结果

其中,可以从内部因素和外部因素两个角度来分析研究风险事项。当然,可以通过子项来分析和识别内、外部因素,如图 2-2 所示。在此基础上,综合研究以上内部控制要素可知,内部控制的典型特征可以使用《内部控制总体框架》报告中的五要素来代表,也可以用《企业风险管理整合框架》一文中的八要素来代表。笔者的观点是,内部控制要素的两种评价方法并不能够代表先进或落后。应该站在什么位置,想做什么,以及如何去完成这些事情,以上这些才是问题的关键所在。如果能完全理解这个目标,就不会纠结于如何对内部控制要素的具体数量进行相关的定义。

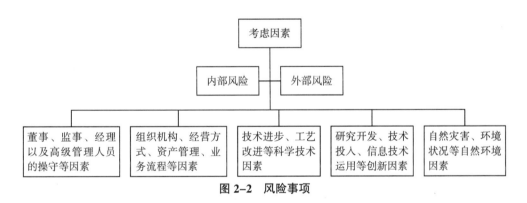

图 2-2 风险事项

2.1.2 企业文化与内部控制的耦合

怎样对企业文化和组织文化做出定义呢?目前社会各界还没有一个统一标准的说法。在组织文化领域内,企业文化也还没有统一的定义,仍然是一个被不断争论的问题。因此,对文化的定义也没有统一的解释,对其不同的理解使解释也不同。学术界的一些专家也对此进行过相关的统计,截至 20 世纪初,单单用英语对文化进行的定义就超过 160 个(周毅,2007)。企业文化是一个涉及面十分广泛的概念，目前起码有 1 万多种的解释和定义来对企业文化进行说明。不同的概念可以从不同层面的不同角度出发，一般从全人类的文化开始，再到不同国家、民族、地区、组织，甚至可以直到家庭和个人的文化。例如，企业文化可以被理解为是一种社会文化亚文化，主要可以通过人类、民族、国家和不同地域等一系列文化来组成。此外，企业文化亚文化又可以进一步细分成组织成员的个人文化及其组成单位的公司、部门、团队、团体等文化。

2.1.2.1 形成及演进

20 世纪 70 年代，各方面实力都第一的美国开始走向衰落，正是因为西方各个发达国家受到石油危机的影响，而严重威胁了它们的经济发展。但是，经历过"二战"的日本经过 30 年的快速发展，在经济生活各个方面却逐渐超越了其他强国，由原来的经济社会落后的国家，成为仅次于美国的世界第二大经济强国。在日本崛起的同时，美日两国进入相互竞争的白热化阶段，但显而易见的是，日本在某方面的实力已经超过美国。例如，日本在汽车和其他传统产业的各个方面都超过美国。当然，美国也因此深受打击和影响，但这也促使美国各界加快研究以及建立相关的企业文化理论。那个时候企业管理者和美国管理界的专家学者为了探寻日本企业发展的秘密，开始从各个不同的视角进行深入分析研究，最终也找到一条适合本国发展的道路。研究发现，日本能够快速崛起是因为它将自身的民族精神紧密结合西方理性和科学技术。为此，美国管理界从 1981 年到 1982 年先后出版了《追求卓越——美国管理最难公司的经验》《Z 理论——美国企业界怎样迎接日本的挑战》《企业文化——企业生活中的礼仪与仪式》《日本的管理艺术》四本畅销书。此时，企业文化的研究也受到越来越多的专家学者的关注，美国管理界出版的这四本书也因此成为各国企业文化研究所热捧的书籍。

由此，企业文化理论研究也越来越深入，研究的内容也变得更加丰富。在接下来的时间里，企业文化理论的研究也开始进入了爆发式增长的时期。在此期间，奎因和沙恩的研究在学术界产生了积极的影响。在 20 世纪 80 年代，部分研究人员指出，企业文化不仅可以对组织现象的基本概念进行阐述，而且可以被公司管理者所使用。比如，学者埃德加·沙因在《组织文化与领导（第五版）》中详细解释了组织文化的含义，在界定组织文化概念的基础上，提出了文化三层次模型这一主体性架构，从文化假设层面讨论了组织文化的基本维度，明晰了领导力在文化建设、植入和发展中的作用，论述了领导者如何管理文化变革及其新角色。还重点关注如何将社交经验嵌入各种层面的文化环境中，并为领导决策引入了社会"关系层级"这个重要参考元素来帮助识别和管理内部文化。另外，对"文化与领导""文化与社会行为模式观察""领导角色与组织发展""团队文化习得模式"等旧内容也有新的论述。在此基础上，奎因等主要采用聚类分析的方法来研究组织有效性，并且建立了一个对立价值框架。在此之后，奎因为了分析研究组织内部的竞争、冲突以及组织文化扩张等，还构造了一个对立价值理论模型。通过这种方式，也可以探索组织文化的深层结构，以及组织的领导、决策、价值和组织发展，这也为衡量、评价和诊断组织文化提供了重要理论依据。企业文化的研究在 20 世纪 90 年代也成为越来越多专家学者所青睐的研究方向，并能在研究领域进一步深入发展。

2.1.2.2 中国企业文化理论的发展进程

在 20 世纪 80 年代，我国企业文化受到了越来越多学者的关注，部分研究人员开始对企业文化进行理论方面的探索。在此期间，美国管理界出版的关于企业文化研究的四本书是此时理论发展的主要依据。与此同时，也对国内学者的企业文化研究产生了重大的作用。国内学者不仅对国外企业文化相关的研究成果进行翻译，还深入研究了一系列的企业文化管理理论，比如黎红雷的《走向管理的新大陆》和《科学与人性：当代中国企业文化的两难选择》等理论著作。与此同时，林娜还从跨文化的角度进行了研究，比如出版了《中日美三国企业管理差异的社会文化渊源》一书。从总体上说，我国由于在后期才开始进行企业文化的研究，理论发展还不够成熟，所以现阶段还仅仅处于企业文化的初步认识时期，有待进一步发展完善。

随着人们进一步认识企业文化以及专家学者们的深入研究，在 20 世纪 90 年代也相继出版了关于建设中国特色企业文化的一系列著作。学者不仅深入地研究了企业文化的起源、特征和功能，而且还探讨了我国企业文化的现状、发展建设的规模和相关体制、特色社会主义制度的优势等问题，也分析了本国政治特色要素之间的关系，诸如企业文化与思想政治工作间的关系。综上可知，学者大多侧重于归纳总结企业文化相关基础理论和在建设过程中的经验教训。在 20 世纪 90 年代后期，他们大多从企业文化的意义、企业文化与企业创新的辩证关系、社会文化等方面展开论述，却很少进行理论与实践相结合方面的实证研究。实际上就是说，虽然研究视角更加全面深入，但对企业文化的研究还处于相对肤浅的阶段。当时部分学者开展了表 2-2 所示的研究。

表 2-2　部分学者的研究成果

学者	研究成果
张炳林和占德干	主要从我国企业文化特点出发，研究发现，虽然企业文化的相关实践和控制变量间不存在某种相关关系，但在一定程度上这些控制变量对企业文化实践有影响
王重鸣	对台湾地区学者在企业文化方面的相关研究进行了详细叙述。还从企业研究心理学的角度对与霍夫斯泰德一脉相承的定量研究范式进行了阐释和丰富
陈春花	在沙恩"整体阐释"的分析框架和研究方法的基础上，进行了相关研究分析
赵琼	归纳思考研究中国企业文化的发展与实践

2.1.2.3　企业文化影响内部控制

企业随着经济全球化快速发展的同时，也遭受越来越复杂和恶劣的市场环境考验。尤其是在 21 世纪各种信息科技的爆发式增长，企业的发展机遇和经营风险两者是并存的。面对这种频频动荡、不平稳的经营环境，企业需要把内部控制任务做好，以防止任何轻微的恶化，因此在经营风险显现的最初阶段，特别是在大型企业集团管理和发展过程中出现的，将其风险降到最低是非常重要的，在这过程中也更加凸显了内部控制所能发挥的重要作用。内部控制在保证企业健康可持续发展方面起到了重要作用，是公众监督的重要标准。同时，内部控制成为防范欺诈和风险的屏障，成为资本市场和证券市场的通行证。不仅企业特别看重内部控制建设，政府和其他相关的非营利组织对内部控制建设也十分重视。即使在反腐倡廉和民主政治建设过程中，内部控制的理念和方法也经常被运用。简言之，在社会经济生活中，内部控制已经被越来越多人所注意到。

COSO 官方委员会发布了《企业风险管理整合框架》，报告强调，企业应在分析人类生活方式和需求水平的基础上，确保员工忠于企业，全心全意为企业服务。该报告还认为内部控制的重点在于人，个人的道德品质对内部环境会产生一定程度上的影响。因而，企业想要拥有一个良好的内部环境，必须对个人的道德品质加强关注。以品德为基础的企业文化，不仅在提升员工的认同感和凝聚力方面能够产生积极的影响，而且还是企业文化不可分割的重要部分。由此可知，至少在内部控制情形下，企业文化是很好地运作内部控制的基础。也就是说，企业文化与内部控制两者间是密切相关的。杨雅玲发表了《论内部控制与企业文化的关系》，研究发现企业内部控制制度的建设实施与企业文化建设间存在着紧密的关系。

企业文化主要指的是企业经营理念和员工共同价值观间相互结合产生的一种文化。在对企业文化和内部控制两者关系的阐述过程中，不同的学者发表了不同的观点，如表 2-3 所示。

表 2-3 部分学者对内部控制的阐述

学者	对内部控制的相关阐述
田继宗和田瑜	内部控制和企业文化的区别在于，前者是实现企业目标的制度保证，后者是企业发展的基础。但两者之间也是相互驱动、相互促进的关系
魏杰	当制度不复存在时，企业必须依靠文化来运作。在一定程度上，企业文化建设是对企业内部控制制度进行补充，也是一种相关的制度建设
吴水澎	企业内部控制侧重于从人的角度出发。企业文化与内部控制的良性互动，形成了以内部控制为特征的企业文化，进而直接影响到内部控制的效率
何建国	对于建设内部控制体系和良好的控制环境等方面，拥有优秀企业文化能够对其起到积极的作用。在此基础上，还可以通过控制环境所发挥的基础性作用，来进一步增强内部控制能力
王竹泉	企业文化对人们的意识形态方面能够起到重要作用，进而对人的执行力产生积极的影响，这使企业更容易实施内部控制制度
李连华	在企业内部控制制定、实施和控制效率的过程中，企业文化能发挥重要的作用

2.1.3 企业内部控制对财务报告的影响

在这个科技快速发展的时代，各种学科间的相互交叉融合的范围变得越来越广泛。内部控制理论是管理学的重要组成部分，它可以在企业文化理论的基础上进一步地发展完善。

从文字的表面含义、性质和意义上理解，内部控制具体可以拆分为"内部"和"控制"这两个词语。其中"内部"是一个表示在一定范围内的词语；而"控制"则是指通过采用相关举措，使实际工作达到原计划预定目标。换一个角度看，"内部"与"外部"一词含义相反，范围也不同，它在表面上指的是里边或界限内的地方或空间，而实际上指的是管理者在某些方面具有的权利大小、管理范围。比如在管理过程中可以经常看到"内部合作""内部管理""内部会议"等词语。除此之外，"管理好自己的人，照顾好自己的人"这些短句也有"内部"的意思。那么又要怎么解释"控制"一词呢？不同版本的资料对其各有不同的说法。如《高级汉语大辞典》把"控制"一词拆开成"控"和"制"二字，并对这两个字分别进行解释，以及将"控制"一词解释为"将某一对象的活动半径限定在一定的范围之内，或者该对象听从其所有者的命令，服从所有者的安排来进行活动"。在传统的定义中，内部控制是指在一定的环境下，通过单位内部实施各种制约和调节的组织、计划、程序和方法，对实际经济活动进行监督，若发现有问题，则需进行自我调整，以此来提高企业经营效率以及合理配置各种资源，达到预期制定的管理目标和实现股东的利益最大化。内部控制所制订的各种计划、程序和方法等主要为了使企业的生产经营活动能按照预定的计划进行以及降低不确定因素。虽然企业比较在乎内部控制在会计程序上是否公平、有效，但随着科学技术的飞速发展，信息技术控制也逐渐成为当今内部控制的一个非常重要的组成部分。信息技术一般控制通常会对实现部分或全部财务报告认定做出间接贡献。信息技术控制能够合理确保某组织采用的信息技术按既定目标实施，确保数据可靠，确保该组织遵从适用法律法规。在此背景下，本书将从学术界、国内外权威机构、国内法律法规、实务界和具体文献等方面，来对内部控制的代表性认识进行总结和分析，并且提出一些有益的启示。

因为内部控制起到越来越大的作用，国内外各机构部门及相关组织对内部控制管理也不断地加强了理论研究，先后发布了一批内部控制文件和报告。在国内，关于内部控制的研究过程如下：①2006年，上海证券交易所加深圳证券交易所相继发布了内部控制指引；②2008年，财政部发布了"内部控制基本规范"；③2010年，国家颁布了内部控制指引及相关制度。

内部控制对企业发展起到非常关键的作用，目前在世界范围内多数机构组织对于内部控制的建设都非常重视，以至于有很大一部分的企业不惜牺牲所有或举全企业之力来加强信息管理体系的建设，使内部控制管理流程和体系更加完善、更加全面。虽然政府和企业在内部控制的建设方面花费了很多代价，但是在内部控制方面大量企业还普遍存在着许多问题。比如WorldCom、安然、泰科国际等公司，在财务方面进行做假、擅自进行内部交易等欺诈行为，造成了一系列商业丑闻。反思这一系列事件出现的主要原因，为什么制度如此完善且系统如此有力，违法事件却还频频发生，内部控制薄弱的问题不断显现。内部控制的发展过程具体如图2-3所示。

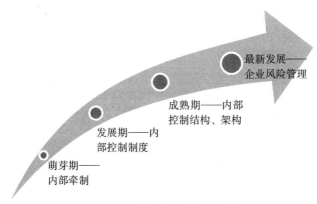

图 2-3 内部控制的发展时期

2.1.3.1 萌芽期——内部牵制

这个阶段的内部控制仅处于内部约束阶段，自觉防范合伙欺诈的可能性低于个人或组织。两个或两个以上的部门比一个人或一个部门无意识犯同样的错误的概率要更低。内部控制主要是通过采取相关措施加强对企业的活动进行管理，以减少不良行为或者不符法律法规经营行为的发生。它的主要特征体现在以下方面，即无论是谁，都不能对组织内的任何部分或权力进行独自控制或者对具体的职责进行分工。企业的每一项业务都需要各个部门或个人相互结合，分工合作，以避免相关权力过于集中以及各部门变得零散。到目前为止，就控制活动的本质而言，是指控制中不相容的职务分离和授权审批控制方法；具体内容为，不相容的职位是指一个人必须分开才能担任的职位。例如，业务办理、授权审批、财务审核和记录、财产保管等，这不仅可能出现错误和欺诈等不良行为，甚至这些错误和欺诈还可能被掩盖。

2.1.3.2 发展期——内部控制制度

美国审计程序委员会下属的内部控制专门委员会，率先对内部控制做出了以下定义："内部控制是在一定的范围内，单位为了保障资产的安全和资料的有效性，以及提高生产经营的效率和完成预期的目标，而制订的相关计划、政策规定和实施办法等。"在此之后，美国审计程序委员会将内部控制进一步划分为会计控制和管理控制：会计控制包括所有保护记录、资产保护和组织计划或者相关程序和方法。具体内容又可以分为授权和批准制度、内部审计制度、账目和财务报表、财产的实物控制和财务资产保管相关职务分离等；管理控制，包括组织方案、企业经营效率的提高、保证管理部门多项政策实施以及相关的程序和方法。具体分为相关的统计分析、经营报告等，质量控制和员工培训计划等。

直到 20 世纪 80 年代，企业高管对财务系统内部控制理念才开始有一个初步的大概了解，但如今这些经营理念已经众所周知且深入人心。美国注册会计师协会（AICPA）率先对内部控制做出了相关的定义。这一定义所阐述的内容，为后续学术界对内部控制概念的解释打下了一个良好的基础，并且 1934 年这一定义被美国证券交易委员会（SEC）SAS 所颁布的《证券交易法》所引用。长期以来，美国注册会计师协会（American Institute of Certified Public Accountants）制定的《审计准则公告》（SAS）第 1 号文件对内部控制有如下定义："内部控制是指企业通过制定一系列的方针政策和解决办法，为资产的安全性和会计资料的真实性，以及提高经营效率为实现企业利益最大化提供保障，进而完成先前制定的预期目标。"此后，根据这一定义，内容控制增加了管理控制和会计控制这两项内容：管理控制，不只是企业的规章制度、相关计划，还与这些政策和程序的授权与审批的决策过程密切相关，这是因为授权作为一种管理职能，是对企业所有事务能否实现目标的直接控制，也是所有会计控制的开始；会计控制，包括企业计划、确保资产安全有关的记录和可靠的财务信息记录。一方面，交易的执行需要基于管理层的一般授权或特殊授权，每一笔交易都要适当地记录，这些记录将成为编制财务报表的基础，使财务报表的编制符合会计准则或其他适用准则。另一方面，这些记录还可以用于维护资产安全。通过管理层的许可才能使用与接触资产。定期将资产记录与现有资产进行比较，如出现差异，应及时处理。1988 年颁布的《美国注册会计师协会准则》对管理控制与会计控制之间关系的阐述更加明了了清晰，指出管理控制与会计控制两者间可能存在某种关系，并不是完全不相关，因为存在部分控制制度和记录会同时被包含在会计控制和管理控制中。尽管美国注册会计师协会对内部控制进行阐述的最初版本，即第一次对内部控制的定义已经发生了变化或者人们对其进行修订，但要特别说明的是，内部控制体系早期的定义除了包括会计和财务报表的相关控制外，还包括管理控制。

2.1.3.3 成熟期——内部控制结构、架构

从 20 世纪 70 年代开始，美国证券交易委员会和美国注册会计师协会分别对内部控制进行解释并做出定义。在这一时期，一些知名会计师事务所也提出大量行之有效的方法。20 世纪 70 年代以及在此后的 21 世纪初，大规模的会计欺诈

和内部控制失效在美国和其他的一些国家相继大规模出现。早期的事件也进一步使相关内部控制理念的应用被各个企业更重视，也加快美国颁布《反海外贿赂法》，COSO 内部控制框架的发展过程也相继形成了。进入 21 世纪初，美国的安然事件使公司内部控制没有发挥相关效用，这也直接导致第二次财务欺诈事件的全面爆发，也进一步加快了《萨班斯—奥克斯利法案》（Sarbanes-Oxley）诞生的速度。此法案是美国与内部控制相关的第一部法规，它自产生以来，在世界上产生了巨大的影响。在 1992 年，一份关于"内部控制总体框架"的专门报告被美国反金融欺诈委员会下属的内部控制专门研究委员会提出，该报告一经出现便在世界范围内引起了轰动，也被大量采用。报告表明，内部控制的主要目的是提高企业财务的可靠性，保证企业根据有关法律法规进行生产经营，以及提高企业经营的效率。另外，表明内部控制作为一个过程，管理当局由于拥有相关权利进而会对它造成影响。当然，企业董事会和员工也会对其产生影响。

2.1.3.4 最新发展——企业风险管理

2004 年 9 月，科索委员会发布了《企业风险管理——整合框架》，其中提出了四个目标、八个要素的全新观点。四个目标包括战略目标、运营效率和效益目标（包括资产保护子目标）、报告可能性目标、法律法规合规性目标；八个要素包括企业的目标要素、内部环境、风险识别、评估与应对、控制活动、信息交流、信息沟通、信息监控。

与此同时，《企业风险管理——整合框架》还指出，企业管理是一个受董事会、管理当局和企业员工影响的过程。在企业整个经营过程中，风险管理无处不在。进行风险管理主要是为了及时发现企业生产经营可能出现的问题，以及进一步提高管理风险和企业应对风险能力，而且能够保障企业按时完成预期目标。根据内部控制的发展，主要分为方法观、过程观、风险观。而在内部控制体系中将内部控制定义为"方法和措施"，将其结构定义为"政策和程序"。虽然它表面上看起来好像已经发生了改变，但究其本质仍然是一个静态过程，因此它属于方法观。在 1992 年，COSO 委员会将内部控制定义为一个动态过程，这一定义具备划时代意义。在不断发展变化过程中，从刚开始的只注重结果再到后面的关注过程，对内部控制的定义更加突出了人在控制中所发挥的不可或缺的作用。

认真研究企业财务报告的发展历史和起因，可以发现在内部控制制度的形成发展过程中在一定程度上受到费用的约束。但没有哪些事情是能够充分考虑且面面俱到，更不可能百分之百地完美。正如俗话说，智者即使三思而后行，也可能会犯错误。因此，我们只能尽量做到相对合理。在企业经营发展史上，此类案例不胜枚举。那么内部控制失败的原因到底是什么？制度建立得挺完善，程序也严谨合理，那就只有执行环节出现了问题。然而优秀的企业靠优秀的文化来形成良好的经营前景与之形成鲜明对比，例如通用电气的"头脑风暴"和"诚信至上"、松下的"造人先于造物"和"集中智慧全员经营"，再如海尔的"质量第一"和"用户是上帝"。总体上来说，这些大公司都非常重视企业文化的建设，相关的制度体系也比较完善，这也有利于企业进行内部控制，在一定程度上起到保障性的重要作用。当然，在内部控制制度的发展完善过程中，可能会受到各方面困难险阻的挑战，受到各种因素的制约，企业文化可能就是其中关键的影响因素之一。

2.2　企业外部治理影响财务报告的可比性

　　财务报告信息的质量特征可以使会计信息应满足的质量要求更加明确，并对其做出相应的规范。它回答了哪些信息是有用的，特别是能够对投资者、债权人和其他利益相关者的决策产生影响。可比性在各国财务会计概念框架和会计信息质量特征体系中占有重要地位。各组织对财务报告信息质量特征的阐释，国际会计准则理事会将可理解性、相关性、可靠性和可比性列为高质量财务报告信息在其公布的财务报告框架中必须满足的四个质量特征；英国会计准则委员会（ASB）将会计信息质量特征的相关性和可靠性列为与财务报告"内容"相关的质量特征，将可比性和可理解性列为与财务报告"表述"相关的质量特征；财务会计准则委员会和国际会计准则委员会在2006年发布了"财务报告的概念框架，对财务报告目标和决策有用的财务报告信息的质量特征"（初步意见稿），视会计信息的基本质量特征是通过可比性和可理解性两种性质与可靠性和相关性相结合起来得到的。没有对会计信息质量的主次进行相应的区分。其中，包括可靠性、相关必一、可比性、实质重干形式、重要性、谨慎性和及时性等一系列的原则，被共同列为企业提供财务报告信息应满足的质量要求。

2.2.1 外部治理与可比性理论界定

在公司外部治理机制中，一是在资本市场的交易中，人们借入资金买入证券或者借入证券并将它卖出，在这一过程中产生了卖空机制，由此对资本市场中"用脚投票"（即投资者在选择离开时，理都不理你就将其持有的公司股票卖掉）的治理方式产生了一定的杠杆效应。一方面，卖空机制增大了投资者对可比财务信息方面的需求，这也将会对管理层的报告动机产生一定的影响；另一方面，虽然卖空机制对投资者有获利的可能，但无论对于投资者还是对于证券市场，这都是一件有风险的事情，在此威胁下也可以有效监督管理层在准则执行方面的情况。二是与势力较弱的接管市场和经理层市场相比，在市场竞争的方面，计划和市场是人类社会经济活动、资源配置的两种基本手段。我国产品采用优胜劣汰机制，主要在一定计划下发挥市场在资源调配中起到的重要作用。影响管理层的规范执行的主要有下面两种因素：一方面，破产威胁下企业的资金需求；另一方面，产品市场竞争在提高可比财务信息决策效用方面能够产生积极的影响。除以上两点之外，影响管理层的报告动机还包括信息效应可以使股东与管理层之间由于各种代理所花费的成本进一步下降。三是通过大量实证分析研究发现，随着我国经济快速发展和产业不断升级，传播各种信息的媒体对外部治理发挥着非常重要的作用。一方面，媒体借助网络的力量传播信息的速度非常快，舆论"杀伤力"异常凶猛。一旦遭遇负面新闻报道却没有有效的应对措施，将会引发舆论危机，导致严重的后果，在此情形下对于管理层的准则执行也能够起到一定的约束作用。另一方面，假如上市公司遭遇舆论危机，产生了严重的负面影响，为了能够尽快恢复公司各种业务的正常运营，对于公司的高管或者决策者来说，将会更加努力来进一步提高财务报告的可比性。综上所述，可以从融资融券、产品市场竞争和舆论危机三方面出发，来分析研究外部治理对财务报告可比性是否有影响，是否具有一定的研究意义和价值。本书首先用上述三个方面的外部治理作为相应的切入点，然后再构建一个具体的分析框架，进而研究分析它们分别对财务报告可比性是否有影响以及是如何产生影响的。

2.2.1.1 外部治理

公司治理从不同方面着眼加以阐述，将会产生一系列不相同的解释。世界银行的调查报告指出，在公司所有权和经营权分离这一背景下，可以进一步控制管理层拥有过高权力的问题。它把公司治理的定义概括为"企业所有权人对经营权人起一定的约束作用，并科学地对经营权人进行授权，经营权人在获得授权的情形下，为了实现经营目标和股东利益最大化的目标而采取一切经营手段、方法、规则等行为"。Rediker 论述的治理结构和内部治理机制的概念认为，外部治理机制处于公司治理范畴内，是根据机制的设计与落实所使用的资源来源。Blair（1995）同样基于代理问题，对公司治理的内涵重新思考，认为对公司治理的理解侧重于市场，好的公司治理应该尽可能地与现代公司在信息拥有的不均衡和契约不完全方面所可能遭受的风险相关联起来，使能够通过控制权安排解决投资者激励问题。郑志刚（2010）将公司治理理解为解决逆向选择和道德风险问题，并对公司剩余控制权和剩余索取权的分配与安排。谢志华（2008）侧重强调外部治理能起到的重要作用，指出与公司内部治理相比较，从市场机制出发更能解决各项机制的设计与落实问题。白重恩（2005）指出，公司治理机制可被定义为通过对法律和管制框架的使用，实现分配和安排公司剩余控制权和剩余索取权，这样可能会使公司的市场占有额减少。

根据对公司治理机制的定义和现有的文献，公司治理有广义和狭义之分。从狭义的角度上看，公司治理的内部治理结构由股东会、董事会、经理层和监事会所组成，公司治理主要是为了使资源配置更加有效。它的内容主要包括适当的产权安排，还包括因此产生的监督、激励、控制和协调机制。从广义的角度上看，公司治理可以分为内部治理和外部治理。Tirole（2010）从现代公司在治理结构、机制这两个方面会遇到的问题角度指出，外部治理机制将成为公司解决管理层代理问题的最佳路径。姜付秀（2009）认为，从市场机制来看，公司的外部治理不能受法律和管制框架的束缚，在经理人市场中，经理人的声誉将受到损害，最终导致公司被接管或兼并。

2.2.1.2 财务报告的可比性

Barth（2013）研究发现，在把"决策有价值"当作出发点的财务会计与报告的概念框架中，可比性是指一个企业的会计信息与其他企业的同类会计信息应尽量保持统计口径一致，以便可以进行相互比较。因此，可比性是企业会计信息的一个重要质量标准。可比性使投资者更加准确地识别不同经济事项之间所存在的差异，以便于对不同方案相对比，提高投资决策的正确性以及提高资本市场在资源配置效率方面的作用。如果没有可比性，财务报告在决策方面能够起到的作用将会变得非常小。可比性主要包括会计协调和财务报告可比性。

第一是会计协调。会计协调和财务报告可比性两者之间关于其概念的论述是不一样的，存在差异但又相互联系，如表 2-4 所示。一方面，会计协调通过减少会计实务的差异程度，以提高会计信息可比性。它既包括会计准则协调，又包括会计实务协调。其中，会计准则协调指的是协调各国的会计实务，使各国会计实务能够有统一性。所以，准则的协调有利于进一步提高各国财务报告的可比性，但这并不是说准则协调是唯一决定会计实务协调的因素。另一方面，会计实务协调所产生的结果为财务报告的可比性，也就是利用降低会计方法选择出现的误差来形成的可比性状态。当然，在降低会计方法选择出现误差的过程也是会计实务协调的过程。

表 2-4　会计协调理论观点

年份	作者	会计协调理论观点
1988	Van der Tas	财务报告其实是个信息转换过程，它主要取决于会计政策选择，制定准则可以对企业选择会计政策的范围进行限定，而协调是两个或两个以上对象间的一种调和过程或者状态
1990	Parker	会计协调可以分为会计准则的协调（形式协调）和会计报告实务的协调（实质协调），会计协调的目的是减少会计实务的差异程度，提高可比性。当协调作为一种结果时，它是指一种可比性状态，即对会计方法选择减少不同点来实现的
1992	Gray	财务报告准则的制定可以有助于促进会计实质协调程度的提高
2008	胡志勇	对于企业尤其是跨国企业来说，财务报告的协调也可能产生困扰，因此准则本身也被当成会计协调的目标之一

第二是财务报告的可比性。学术界中存在部分学者，把财务报告可比性论述进一步细分为过程论和结果论。其中，过程论认为可比性是会计政策的可比性，也就是对不同的事项使用不同的会计处理，对类似的事项采用类似的会计处理。而结果论更直接地表现在财务报告信息的可比性上，如果财务报告信息具有可比性，那么相关使用者可以判断和分析在类似的经济活动中，会计信息应当能反映其相似性。在不同的经济活动中，会计信息也应当可以反映其差异性。FASB（1980）也从结果的角度出发，来表述财务报告的可比性，也就是可比财务报告信息应该能够反映经济事项之间存在哪些不同之处。根据结果理论，财务报告的可比性包括纵向和横向两者的可比性，纵向可比，指对于不同期间的同一报告主体而言，在财务报告信息方面存在的可比性；横向可比，指针对同一期间的不同

报告主体而言，说明财务报告信息存在的可比性。综合上述，本书从结果论的角度出发，对财务报告可比性进行相关的阐述，即认为财务报告可比性是财务报告信息的横向可比性，即针对同一期间的不同报告主体而言的可比性。

2.2.2 财务报告可比性的产生

财务报告是一个信息转换过程，它取决于相应的会计政策选择。因此，财务报告的可比性可以由会计政策选择的协调进行度量，并将其概括为会计的实质性协调。相应地，制定相关准则可以规定一个企业选择会计政策的大致范围，进而提高会计实质性协调程度；但是由于准则不一样，会对企业特别是跨国公司造成一定程度上的影响，因此准则自身就是会计协调的目标之一。

2.2.2.1 财务报告可比性的度量方法

第一，根据会计准则协调的间接计量方法。因为准则的制定在一定程度上已经界定了企业选择会计政策的范围，所以准则的协调对会计实务的协调有进一步提高的作用，而且可以增强财务报告的可比性，如表2-5所示。

表2-5　基于会计准则协调的间接度量方法

年份	作者	基于会计准则协调的间接度量方法
1996	Rahman	考察了准则监管环境相似的两个国家，在两国准则中通过采用马氏距离法——比较披露和计量的规定，以及对两国准则间的协调程度进行度量
2005	Fontes	采用了欧氏距离方法，提出准则的协调更有可能带来会计实务的协调，促使国际产生会计协调的强烈需求
2005	Jaccard	采用距离度量方法，研究发现国会计准则与国际财务报告准则相比较，两者之间在协调程度上还有一定的差距
2005	王治安	提出了平均距离法、判定分析法测度会计准则的国际协调程度
2008	曲晓辉	调查研究国际财务报告准则和我国会计准则之间的趋同程度
2008	杨钰	区分准则中"缺失"和"分歧"，得到趋同程度的两种指标
2009	张国华	指出使用模糊聚类分析法，对我国会计准则的趋同程度进行测量

第二，会计系统内部存在可比性测量方法。在国际上，各国的财务报告准则都有一定的相通性，但却很少能够从公司层面上考虑一种容易且又有效的可比性衡量方法。对于会计系统的可比性测量方法的研究，主要可以概括为表2-6所示。DeFranco等（2011）是提出会计制度可比性的计量方法的先驱。这种度量方

法一出现，便在世界范围内被广泛采用。财务会计准则委员会认为，可比性对于同一经济事项，财务报告信息反映的内容应该没有差别。一方面，可以帮助信息用户区分各个投资方案之间的利益分配方式；另一方面，对于不同的经济事项，财务报告信息反映的内容也各不相同。与德弗朗哥等的研究不同的是，Yip 和 Young（2012）认为，可以通过运用总资产收益率代替净利润，也就是"盈余—收益"模型来区分不同行业在经济业务上的相似性以及相似性特征，在考察国际上会计准则的相似性特征时，对他们国家企业的资产规模进行匹配。此外，与 DeFranco 等（2011）的研究相比，其主要可以采取创新性的方法对不同国家可比性的"差异化"特征进行衡量，选择不同国家（同一国家）的制造业和服务业企业进行资产规模分析，并根据资产规模进行匹配。

表 2-6　会计系统的可比性测量方法

年份	作者	会计系统的可比性测量方法
2011	DeFranco	通过对不同企业的会计系统类似程度进行分析，以及把企业的经济事项叙述为财务报告中的信息的方法，很大程度上体现了其灵活性
	DeFranco	根据《国际财务报告准则》来计算前后三年的半年度财务报告数据，以至于用来研究使用的不是可比性指数的平均水平
2012	Yip 和 Young	通过计算匹配公司间的可比性的 16 个季度的数据，使用这些数据将行业和公司规模对公司进行匹配，最后构建了公司之间的可比性指数

第三，在价值理论的基础上构建度量方法。Bhqjraj 和 Lee（2002）认为存在相对估值法，就是在市场上选取盈利能力较强的可比公司，再按照预期市盈率（预期市净率）的高低对各公司进行相应的排序，并把排名较前面的公司作为与研究的目标企业相同或相似的参照物企业。他们认为，选择可比公司是一个系统的工作，需要利用上一年度的系数估计值，计算并比较目标企业和参照物企业的相关财务指标。Bhqjraj（2005）指出，正是影响这些多重变化的因素决定了这一过程。在此基础上，Lee（2002）指出，不能简单地基于行业和资产规模进行分析，而应该在估值理论基础上，选择市盈率和市净率等主要影响因素作为关键指标，然后再推算出各公司本年度的经济信息并记录，依次构建公司级财务报告可比性的度量指标，最接近的样本就是可比公司。该方法利用期望倍数的贴近度来判断公司是否具有可比性，与 DeFranco 等（2011）的会计系统可比性度量方法相类似。所以，根据 DeFranco 等（2011）在计算公司级可比性时采用的方法，

把一家公司与本行业所有其他公司的预期倍数差异绝对值的平均值计算出来。与此同时，公司级财务报告可比性的度量指标也可以获取。同样，由 Yip 和 Young（2012）的做法可知，该方法适用于检查各国内部或各国之间财务报告的可比性。

第四，基于财务数据度量方法的调整。Kim 等（2013）运用适用于债权人的两种可比计量方法，考察财务报告可比性对债权市场可能产生的影响。穆迪数据库通过提供发行债券的公司季度财务相关的调整数据，以便进一步反映潜在交易或事件的经济状况，增强财务报告的可比性。同行业公司财务数据调整幅度相差越小，则说明公司财务报告的可比性越高。在此基础上，DeFranco 等（2011）认为，应该按季度计算利息偿付率和非经常性收入项目，减少信贷利差和违约概率，并在这些数据分析的基础上确定企业一季度的可比指标。值得注意的是，从上述观点可以总结出两种互补性的项目：一是通过股票市场分析师行为来检验可比性对债务市场产生的影响；二是按季度对测量方法的有效性进行检验，有助于提高债券市场的信息的对称性。此外，财务报告中的非经常性收入项目很大程度上可以显示出股权投资者关心的公司的盈利能力，因此，这种方法是否同样适用于股票市场需要进一步分析研究。

2.2.2.2 财务报告可比性影响因素

可比性是会计信息的一个重要特征，其在很大程度上决定了财务报告的质量，DeFranco 等（2011）研究财务报告可比性影响因素主要是从会计政策选择和契约理论的角度出发，通过会计制度可比性的计量方法来分析研究一国证券市场内部的协调对会计实务协调的影响。

胡志勇（2008）等主要是从国际财务报告准则实施的角度进行了研究，发现在一方面财务报告具有可比性，在另一方面财务报告也会随着会计政策选择的信息转换过程变化而进行调整。Van der Tas（1988）提出，会计政策选择是财务报告编制应该注意的焦点，为研究财务报告可比性的影响因素提供了重要的研究基础。Krisement（1997）在早期的文献中进行观点整理，得出只有当企业采用相同的会计政策的背景时，财务报告才可以进行可比性比较，如图 2-4 所示。

第一，影响财务报告可比性的间接因素。我国学者对企业会计政策选择也从契约理论和管理激励的角度进行了大量的研究。多数学者的研究成果具体如表 2-7 所示。

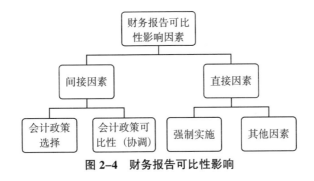

图 2-4　财务报告可比性影响

表 2-7　影响财务报告可比性的间接因素

年份	作者	影响财务报告可比性的间接因素
2000	陈祥民	分为两类,一种选择的结果会使企业的内在价值受影响。然而,其他选择的后果则不然。它会影响企业的内在价值,但管理层会通过会计政策选择形成信息壁垒,使对信息优势者有利
	王跃堂	由于股票市场牵涉着大范围的上市公司,股票市场的会计政策选取自然都对企业的财务报告产生显著影响
2006	王中信	认为管理层的激励方式会影响企业财务报告的信息质量
2010	刘志远	以我国证券市场中存在交叉持股特性的公司为研究对象,研究它们在股票投资时进行会计政策选择情况,找出影响财务报告可比性的原因
2011	张海平和陆长江	公司管理层实施股权激励的方式有很多种,其中,公司制定的通过资产减值来调整盈余的方法可以达到较好的收益效果
	郑巧娜	外部治理机制会限制管理层在会计政策选择上的自由性

上述研究观点为深入分析财务报告可比性影响因素奠定了理论基础。会计政策的可比性不仅仅受到会计准则的协调性的影响,而且还受到企业组织管理模式和经营特点、员工工作能力和企业文化等因素的影响。Watts 和 Zimmerman (1986) 认为,管理者对企业会计政策的选择会在整个战略层面上形成对员工的激励或制约效果,进而影响企业的财务报告信息。

第二,影响财务报告可比性的直接因素。在不同的制度环境和会计传统下,准则的应用效果也开始受到人们关注,尤其是随着经济全球化的不断发展,国际财务报告准则成为许多国家会计准则的参照标准,使国际财务报告准则趋于一致。在此背景下,各国也逐渐开始重视对财务报告的研究,其中也对财务报告可比性的直接影响因素进行了分析,表 2-8 和表 2-9 所示为两种不同的观点。

表 2-8　影响财务报告可比性的直接因素（一）

年份	学者	影响财务报告可比性的直接因素
2012	Barth	认为盈利顺畅、权责发生制以及会计信息披露的有效性都会间接地影响财务报告的可比性
2013	Cabangarcia He	研究表明，统一的资本市场监管有助于提高各国公司财务报告的可比性
2017	杨毅	对我国会计准则进行研究，发现企业之间信息披露的趋同性增强，会导致财务报告的可比性不明显

表 2-9　影响财务报告可比性的直接因素（二）

年份	学者	影响财务报告可比性的直接因素
2010	Lang	《国际财务报告准则》的颁布有利于提高财务报告的可比性，并且改善企业信息披露环境，可以整合不同的经济活动，使整体的会计环境更和谐
2015	Cascino Gassen	以 29 个国家的公司为样本，采用双重差异法对 IFRS 实施和财务报告的可比性进行研究
2017	Yi Yang	指出财务报告可比性的重要影响因素之一是报告动机的一致性，它能够对财务报告的可比性产生积极影响
2017	袁知柱等	采用实证分析方法，对企业的专有成本和盈余压力进行效应分析，得出成本和盈余压力对财务报告的可比性有负面影响
2017	方红星等	在法律环境较差的背景下，供应链的集中度会对企业财务报告可比性产生负面的影响，这也就表明法律环境能够制约财务报告可比性
2017	孙光国和杨金凤	指出机构投资者持股在限制管理层的会计政策选择方面有一定的积极作用，同样对财务报告的可比性也有明显积极影响

2.2.2.3　财务报告可比性的经济后果

与直接研究财务报告可比性的影响因素相比较，更多学者对财务报告分析的经济结果方向展开研究，理论界大多认同财务报告的可比性是影响财务报告质量的关键因素。财务报告信息的可比性存在可以促进资本市场有更多的公共信息增加，此外，其还可以使利益相关者耗费较低的费用就可以获取所需要的相关信息。综上所述，外部投资者与中介机构之间存在的信息不对称也能在一定程度上得到缓解，以及进一步提高资源配置效率。相应地，可比性的提高有助于股东评价管理绩效，约束管理行为，从而使企业内部的代理冲突减少。在现有的研究中，分别通过股票市场、债权市场和审计市场三方面对提高资源配置效率进行了深入研究。同时，也有大量的学者分别从不同的角度开展研究，具体如表 2-10

所示。

表 2-10 多角度研究财务报告可比性的经济后果

年份	学者	研究角度
2011	DeFranco	从分析师行为的角度出发，研究表明，可比性提高了企业跟踪分析师的数量，使分析师信息收集的成本减少，同时表明了可比性对缓解信息不对称和改善信息环境有积极的影响
2015	Chen	从并购决策的角度出发，研究表明，在初步调查中，目标公司的高度可比性使收购方能与同行业其他公司进行对比，从而获得更多的目标公司信息，也有助于收购效率
	刘志智	研究表明，可比性在提高会计信息的识别、治理功能以及降低信息不对称性方面具有显著的正向影响
	陈香玉	从管理信息使用的角度出发，探究财务报告可比性对企业经营绩效信息的获取有促进作用，可以使管理者的绩效预测能力提高
2017	姜宣宇	从企业创新的角度出发，研究表明，可比性可以缓解信息不对称，降低企业的代理成本和融资约束程度，有利于提高企业创新水平

2.2.3 财务报告可比性的重要性

相比于财务报告的产生而言，财务报告可比性的重要性也很值得一提。

2.2.3.1 委托代理理论影响下的会计目标发生新的变化

委托代理理论在新古典经济学中，在建设实证会计领域的理论方面起到非常重要的作用，可以被称为最重要的研究范式之一。企业所有者把自身的资源交给职业经理人代管，使这些资源在职业经理人手中，能够实现企业经营目标以及使所有者获得丰厚的报酬。受托责任观是从监督角度考虑，主要是为了监督受托者的受托责任。管理者首先需要解除受托责任，再向投资者、债权人以及其他使用者提供准确无误的经营报告，使所有者能够了解企业的经营情况以及所面临的一系列问题。所以，在受托责任理念下，准确提供企业的经营状况以及给所有者带来的经济效益的情况，已逐渐成为专家学者们的主要研究内容之一。随着生产力大发展和规模化大生产的出现，委托代理理论也不断发展以及不断演变，很多研究人员也逐渐意识到市场潜在的不完全性、信息摩擦和交易成本，很难确定经济收益的准确性，这和会计实践在实际经济生活中并不一致。Watts 和 Zimmerman（1976）研究表明，如果会计信息有助于投资者、债权人以及其他使用者评估资产实际的收入金额和不确定的信息，那么会计信息在增强资源配置决策的效率方面将会起到很大作用，即形成会计"决策有用观"。在此情形下，受委托代理理论的影响，会计目标也正朝着新的方向不断地变化。

"受托责任观"和"决策有用观"都是由委托代理理论所产生的。不管在什么样的会计目标下，相应的会计政策都会被公司的所有者、经营者以及监管者所密切注意。会计政策变更对财务报告的计算方法来说，会产生更加直接的影响，最终将会对委托代理关系各方的利益产生相当大的影响。在委托代理理论中，公司股东不参与公司日常的经营活动，而是由公司管理者进行实际的经营管理，所以公司股东在幕后没有办法知道准确无误的实际信息，属于信息弱势。会计信息可比性的主要作用表现在，通过帮助信息使用者对同一行业内其他公司和公司所在的不同发展时期进行比较，一方面，使各个股东能够获得真实有用的信息来进行管理评价；另一方面，能够使投资者在不同项目之间进行选择，并且提供有用可比的参考，以便于做出准确无误的决定。当市场的情况不完全明朗时，能力比较高的投资者可以增强可比性，积极传递真实的内部信息，使能够与其他公司相区别。

2.2.3.2 企业契约理论考察会计信息的功能与作用

在不完全契约理论基础下，财务会计能够分享管理者与投资者、债权人、员工、监管者、客户和供应商等之间的权利与责任分配关系信息，它是一个具有企业信息的反馈系统。不完全契约通过对信息不对称和有限理性的理论进行引用，产生了"生产优化"需要，并且对会计界从企业契约理论的视角对会计信息的功能和作用进行研究具有一定程度上的启发性（曹越和伍中信，2010）。

会计制度又称为企业契约的履行机制。从微观层面的角度看，这种机制按照合同各方的具体要求提供各种资料信息，在产权的界定和保护方面能够产生积极的影响。总共包括以下四个方面：①准确无误地表明各种资源在各行为主体在企业中的使用情况；②按照不同的成本和收益分配方式，适当支付给各行为主体先前说好的价钱；③利用财务报表对全部的利益有关方通报所有行为主体要履行的法定义务和所拥有的相关权利；④利用财务报表与会计主体相互间的监督，进一步反映企业各种各样生产要素的流动情况以及对经济活动相关的合同主体进行承包效率估算和后评价（Sander，2000）。综上可知，在相互利益关系中，会计信息对利益相关者所拥有的权利产生影响（杜兴强，2002）。可比会计信息又称为会计信息的重要质量特征之一，它能够通过投资者、债权人和其他契约方三者来评价管理层，并比较不同的投资所具有的机会。如果可比性不完整，会计信息在财产保护方面的作用将大大降低。所以，可比性在维护合同主体的利益方面起到非常重要、不可或缺的作用。

2.2.3.3 会计信息披露成为上市公司监管的重要一环

信息经济学认为，在信息不对称情形下，通过设计有效披露的机制或契约的问题，可以对道德风险和逆向选择起到一定的缓解作用。有以下两个思路：一是通过机制设计，把公司管理层的目标功能与投资者之间的关系结合在一起。例如，给高级管理层提供相应的股票期权来提高管理层的经济利益，以鼓励管理层发挥自身最好的能力对公司进行管理，但是这些方法也只能在一定程度上解决道德风险问题，而不是彻底解决。二是把事前监督包括进委托代理合同，在一定程度上对管理层披露公司信息进行限制，以至于在代理冲突方面起到缓解的作用。综上所述，上市公司监管对会计信息强制披露要求也越来越高，会计信息强制披露也逐渐成为不可或缺的部分（王建刚和胡文龙，2006）。

由于信息不对称，通过机制设计可以进一步减轻道德风险和逆向选择，在此过程中产生了与会计信息有关的概念。管理动机和会计准则在一定程度上会对会计信息的质量产生影响。可比会计信息不仅有利于利益相关者对企业的实际经营情况更加了解，而且对公司治理约束机制的发展也会产生相当大的影响。根据Watts等（1990）提出的实证会计理论（Positive Accounting）可知，一方面，在进行签订和履行合同的时候，会计能够起到绩效相关评价和向投资者分享有效的管理信息的作用；另一方面，在公司股东对管理层的业绩进行评价时，也可以在同行业的企业间进行分析比较，在此过程中可比性起到了重要作用。Bushman和Smith（2001）总结了会计信息的治理作用，指出在公司契约设计、契约履行保证和公司治理等薄弱环节，会计制度的设计和高质量的会计信息可以减少道德风险形成的消极作用。综上可知，在信息不对称情形下，可比会计信息可以使契约订立之前的隐匿信息问题，即逆向选择大大减少，也能够减轻契约订立之后的隐藏信息或隐藏行为问题，即缓解道德风险。

2.2.3.4 可比的会计信息有助于提高资本市场运行效率

财务报告在利益相关者理论下，逐渐成为利益相关者决策行为发生的参考资料。根据我国现行的会计准则体系可知，财务报告有以下两大功能：有用决策和受托责任。首先，会计信息从经济利益相关者的角度看，是企业为投资者、债权人和其他契约方提供公司的财务状况、经营成果以及资金变动等财务信息，而所有者、管理层等在实际中也受到各种不同目标功能和实际情况的约束（王竹泉，2003）。其次，在决策有用观中，会计是为企业各利益相关者进行决策时提供有用信息，而可比性是所提供的信息必须满足的要求。可比性有利于资产所有者准确评估资产所面临的风险以及不确定因素，为所有者提供保障。财务报告可比性信息的作用有：对于投资者而言，财务报告的可比性信息会对投资者在不同企业之间进行资本配置的投资决策和不同企业的发展前景的评价有一定的影响作用；对于企业管理而言，可比财务信息能够将自身能力和经营业绩的有效信息传递给外界，对信息不对称起到一定的缓解作用；对于分析师而言，可比会计信息可以帮助分析师对公司经营业绩和资本市场运作效率做出更好的判断。

从受托责任的角度看，控制公司经营、索取公司经营成果的权利在利益相关者理论的框架下，不单单只包括企业股东，还包括公司外部治理的主体，具体可以分为债权人、客户、供应商、员工及其所在社区及其他相关方（王竹泉，2003）。从广义角度出发，利益相关者之间存在的契约关系及其拥有的权利和应该履行的义务，不仅包括公司制度和公司章程，还包括非正式的关系和规则。各利益相关者为了能够实现经济利益的最大化，就要求企业会计信息在一定程度上应该要具有可比性。从另一个角度说就是会计信息可比性的要求和各利益相关者平衡、矛盾紧密有关。Shleifer（1997）认为，公司很有必要构建一套与激励相容相关的治理机制，以便解决由于两权分离带来的信息摩擦和代理矛盾，进一步也有利于保证资源配置的效率。从根本上说，这种权力制约和平衡制度即所有权与经营权相分离的制度设计，要求财务信息具有较高的可比性。而在一般情况下，公司与利益相关者关联越多，对可比会计信息就有越强烈、越高的需求。

2.2.4　外部治理对财务报告可比性的影响

在委托代理理论下，由于信息的不对称，各类人员对有关信息的了解是有差异的。在一般情况下，股东掌握的信息并没有代理人那么充分，处于比较不利的地位，这就要求通过外部治理（如激励和约束机制）来引导和限制代理人的行为，并对代理人的经营业绩做出评价，这也有利于提高财务报告可比性。有部分学者也对此进行了分析研究，如表 2-11 所示。

表 2-11 外部治理对财务报告可比性的影响

年份	作者	研究成果
2000	唐松华	认为想要获取可比的会计信息并不是那么容易，因为整个信息的形成过程一般都会受到管理层的控制，管理层对于会计政策的选择拥有一定的权利
2003	乔旭东	随着管理层的代理冲突愈演愈烈，这一情况也逐渐被相应投资者所察觉，理性的投资者将会抛售股票，"用脚投票"来约束管理层
2006	袁春生 杨硕	管理层在代理冲突下可能会为自身利益进行会计操纵，不再以利益最大化作为股东们所追求的目标，而是选择有利于自身利益的会计政策
2006	王建刚 胡文龙	管理层在面临着外部压力的同时，为了减轻代理冲突，将更加努力地把公司经营得更好，以便提供准确无误的会计信息
2008	谢志华	外部治理机制可以引导和限制代理人的行为，在一定程度上激励代理人以实现股东持有股权价值最大化为目标，在提供可比的会计信息方面也比内部治理机制更为直接有效

政府监管部门为了能够对上市公司管理层进行引导和限制、把实现股东持有股权价值最大化作为目标以及提供可比的财务报告资料等，主要可以采取事后奖惩、监管会计信息披露行为和制定会计信息披露准则等方式进行监督。在此过程中，还有以下这些部门对此产生了重要的作用：中介机构起到了重要的监督作用；证券分析师为上市公司披露的具有自身声誉的会计信息提供质量保证；注册会计师为上市公司财务报告质量提供信用验证服务；媒体通过挖掘和传播上市公司的私人信息来改善资本市场的信息不对称，通过行政干预和声誉机制来限制管理层的机会主义会计操纵，督促管理层披露真实、可比的财务报告。

综上所述，首先由于委托代理在逆向选择和道德风险上的问题引起了投资者对可比会计信息的需求，其次主要通过外部压力促使外部治理机制能够有效地监督管理层，也能够使部分降低相应的代理成本，在此情形下使管理层加快提供准确无误且可比的会计资料。

在信息不对称理论的基础上，逆向选择和道德风险的问题促进了人们对会计信息强制披露的紧迫需求。但是，由于信息的不对称，监管机构或市场很难发现管理层的不当披露行为，以至于管理层很容易为了实现自身利益最大化而行事，而不是为了股东们的最大利益而行事。在此背景下，外部治理机制能够发挥重要作用，特别是在缓解逆向选择和道德风险上，以及减轻信息不对称和改善股东处于信息劣势等方面能够产生相当大的影响。例如，产品市场竞争的信息效应就是其中之一，部分专家学者对其进行了相关的分析研究。在现有学者分析中，Hart

（1983）研究发现，产品市场竞争向市场传递的信息相比于其他会更多，而且它可以与同行业竞争企业相比较，因此可以帮助外界对管理的努力程度进行合理评价。与此同时，在学术范围中，新兴市场监管机构即"媒体"所发挥的作用也被越来越多的学者研究。其中，Dyck 和 Zingales（2002）、逯东（2015）做了相关的分析研究，指出媒体通过披露上市公司的不公开信息，对外部世界与上市公司之间的信息不对称程度在一定程度上有减轻作用。首先，媒体的报道更容易让政府监管部门关注到上市公司的具体情况，由此可能带来行政干预。其次，媒体负面报道将会导致投资者产生认知的效应，甚至损害威胁公司和管理层的声誉。管理层隐瞒和操纵会计信息的成本的大幅提高，主要还是因为行政干预和声誉机制的事件前后的威胁效应所导致。因而管理层将提供更加准确无误且可比的会计信息。所以，通过信息效应，外部治理机制在信息不对称理论下，也能够在一定程度上对外部世界与管理层之间的信息不对称程度起到减轻的作用，也能帮助减少管理层的机会主义会计操纵行为，激励管理层提供可比性财务报告资料，与此同时会计监督也能够起到作用。

基于以上学者的研究分析，能够发现准确无误且可比的会计信息处于越来越重要的地位，尤其在信息不对称下契约的不完全性和代理冲突的情况下，但是从另一方面看，这样也使管理层有机会进行机会主义会计操纵，结果将会使财务报告质量下降以及企业信息环境不利于发展。谢志华（2008）研究发现，公司治理中的外部治理，通过使信息不对称和对管理层的威胁效应大幅减少，进而发现在经过激励和约束安排后来抑制管理层的会计操纵的效果中是最为明显且有效的。换个说法就是指，假如把信息不对称的相应减少当成一种信息比较威胁，则威胁效应可以被人们归纳为以下三类：生存威胁、声誉威胁、信息比较威胁。生存威胁和声誉威胁能够使管理层做出的决策是根据企业利益最大化的目标来进行的，也就是对管理层能够发挥最后通牒的关键性作用，不然将会威胁管理层的工作安全和控制效益；信息比较威胁能够使经济利益关联者合理地对管理者的努力进行评价，还可以对管理者的机会主义行为进行监督。

2.3 我国财务报告的现状分析

财务报告作为企业公认报告的一部分，受会计准则的影响极大。从我国财务报告的发展进程来分析，基本准则和具体准则是我国会计准则体系的两个重要部分。

2.3.1 我国企业会计准则的发展

按我国企业会计准则的发展时期划分为以下四个阶段：

第一阶段：1978~1992 年（企业会计准则改革和探索阶段）。1978 年以前，我国企业是单一所有制形式（单一投资主体），采用的统收统支体制下的资金平衡会计模式，这一时期的会计制度改革，只是在繁与简之间进行，会计制度的框架和会计报告的体系没有改变。不同行业之间的会计制度差异很大。会计信息难以比较，也不存在会计信息质量要求的统一标准。针对这种现状，我国理论界开始引进、介绍和讨论国际会计准则和财务管理理论。随着中国改革开放经济的发展变化，1985 年 3 月、4 月财政部先后发布了《中外合资经营企业会计制度》、《中外合资经营企业会计科目和会计报表（试行草案）》（适用多元投资主体的要求）第一次借鉴和引进了国际上通行的会计处理方法，是我国会计制度国际化的开端。1992 年 11 月 30 日，财政部正式发布了我国第一个与国际会计准则相协调的《企业会计准则》。

第二阶段：1992~1997 年（企业会计准则体系逐步建立阶段）。1992 年 11 月财政部推出了"两则两制"："两则"指《企业会计准则》和《企业财务通则》，"两制"指 13 个行业的会计制度（是对之前约 40 多个会计制度进行合并的结果）和 10 个行业的财务制度，建立了会计六要素的概念，在此基础上形成了资产负债表、损益表、财务状况变动表为主要内容的财务报告体系，实现了我国会计制度与国际会计惯例初步接轨。

第三阶段：1997~2006 年（企业会计准则大力发展阶段）。2001 年我国加入世界贸易组织，同年国际财务报告委员会改组完成，开始在全球实施声势浩大的趋同计划，对我国企业会计准则制定特别是如何国际化产生了现实影响。随着市场经济的不断深入发展，为了规范企业会计核算，应对已经发展起来的多元经济体系，打破行业、所有制、组织方式和经营方式的界限，会计制度必须要统一。1997年6月4日，财政部颁布了我国第一个具体的企业会计准则《关联方关系及其交易的披露》于1997年1月1日实施。之后几年先后颁布了16项具体会计准则。

第四阶段：2006年至今（企业会计准则体系完善阶段）。在此阶段，企业会计准则体系进一步完善，进一步修改和完善原准则在执行中暴露的一些问题，一方面适应我国企业实务的需要，另一方面与国际财务报告准则持续趋同。2006年，中国建成了与国际财务报告准则实质性趋同的新会计准则体系，财政部发布了《企业会计准则2006》，实现了与国际财务报告准则的实质性趋同；2010年，响应二十国集团（G20）峰会和金融稳定理事会（FSB）关于建立全球统一高质量会计准则的倡议，中国财政部发布了《中国企业会计准则与国际财务报告准则持续趋同路线图》（简称路线图）；该路线图在全面总结我国2005年以来企业会计准则建设、趋同、实施和等效与成绩的基础上，提出了我国企业会计准则与国际财务会计报告准则持续趋同的方向、策略、时间安排等。其中2014年与2017年是会计准则大变化的两个重要时间节点，进一步保持了中国企业会计准则与国际财务报告准则的持续趋同（见表2-12）。

表2-12　2014年与2017年会计准则变化

2014年	2017年
财政部公布3项新制定的具体准则： （1）企业会计准则第39号——公允价值计量 （2）企业会计准则第40号——合营安排 （3）企业会计准则第41号——在其他主体中权益的披露 财政部公布5项新修订的企业会计准则： （1）企业会计准则第2号——长期股权投资 （2）企业会计准则第9号——职工薪酬 （3）企业会计准则第30号——财务报表列报 （4）企业会计准则——合并财务报表 （5）企业会计准则——金融工具列报 （6）企业会计准则——基本准则第42条第五项（公允价值的定义）	财政部公布1项新制定的具体准则： 企业会计准则第42号——持有待售的非流动资产、处置组和终止经营 财政部公布6项新修订的具体准则： （1）企业会计准则第14号——收入 （2）企业会计准则第16号——政府补助 （3）企业会计准则第22号——金融工具确认和计量 （4）企业会计准则第23号——金融资产转移 （5）企业会计准则第24号——套期会计 （6）企业会计准则第37号——金融工具列报

2.3.2 准则框架下企业财务报告变化发展

2.3.2.1 2017 年财务报告变化

2017 年新公布与新修订的企业会计准则中，有以下几点重大变化：

（1）营业外收入"大瘦身"。除与企业日常活动无关的政府补助外，与企业日常活动相关的政府补助（应当按照经济业务实质，计入其他收益或冲减相关成本费用）、处置非流动资产损益都不能在营业外收入里面披露了（应在"资产处置损益"科目核算，在利润表的"资产处置收益"行项目反映）。

（2）四小税不可以通过管理费用进行核算，房产税、土地使用税、印花税、车船税，现在必须通过税金及附加进行核算。要求：一定要先计提，然后缴纳的时候冲减应交税费科目。

（3）"营业税金及附加"改成了"税金及附加"。

为配合相关准则变化，2017 年 12 月 25 日，财政部发布了财会〔2017〕30 号通知，即《关于修订印发一般企业财务报表格式的通知》，对 2014 年修订的《企业会计准则 30 号——财务报表列报》又进行了调整（见表 2-13）。

表 2-13 2017 年财务报告主要变化

《资产负债表》修订新增项目	《利润表》修订新增项目
（1）新增"持有待售资产"行项目，反映资产负债表日划分为持有待售类别的非流动资产及划分为持有待售类别的处置组中的流动资产和非流动资产的期末账面价值。该项目应根据在资产类科目新设置的"持有待售资产"科目的期末余额，减去"持有待售资产减值准备"科目的期末余额后的金额填列 （2）新增"持有待售负债"行项目，反映资产负债表日处置组中与划分为持有待售类别的资产直接相关的负债的期末账面价值。该项目应根据在负债类科目新设置的"持有待售负债"科目的期末余额填列	（1）新增"资产处置收益"行项目，反映企业出售划分为持有待售的非流动资产（金融工具、长期股权投资和投资性房地产除外）或处置组时确认的处置利得或损失，以及处置未划分为持有待售的固定资产、在建工程、生产性生物资产及无形资产而产生的处置利得或损失。债务重组中因处置非流动资产产生的利得或损失和非货币性资产交换产生的利得或损失也包括在本项目内。该项目应根据在损益类科目新设置的"资产处置损益"科目的发生额分析填列；如为处置损失，以"-"号填列 （2）新增"其他收益"行项目，反映计入其他收益的政府补助等。该项目应根据在损益类科目新设置的"其他收益"科目的发生额分析填列 （3）"营业外收入"行项目，反映企业发生的营业利润以外的收益，主要包括债务重组利得、与企业日常活动无关的政府补助、盘盈利得、捐赠利得等。该项目应根据"营业外收入"科目的发生额分析填列 （4）"营业外支出"行项目，反映企业发生的营业利润以外的支出，主要包括债务重组损失、公益性捐赠支出、非常损失、盘亏损失、非流动资产毁损报废损失等。该项目应根据"营业外支出"科目的发生额分析填列

续表

《资产负债表》修订新增项目	《利润表》修订新增项目
	(5) 新增"(一) 持续经营净利润"和"(二) 终止经营净利润"行项目，分别反映净利润中与持续经营相关的净利润和与终止经营相关的净利润；如为净亏损，以"-"号填列。该两个项目应按照《企业会计准则第 42 号——持有待售的非流动资产、处置组和终止经营》的相关规定分别列报

2.3.2.2　2018 年财务报告变化

2018 年 12 月 7 日财政部会计司发布通知，对于新修订完成的《企业会计准则第 21 号——租赁》（以下简称新租赁准则）要求：

（1）在境内外同时上市的企业以及在境外上市并采用国际财务报告准则或企业会计准则编制财务报表的企业，自 2019 年 1 月 1 日起施行；其他执行企业会计准则的企业自 2021 年 1 月 1 日起施行。

（2）母公司或子公司在境外上市且按照国际财务报告准则或企业会计准则编制其境外财务报表的企业，可以提前执行本准则，但不应早于其同时执行我部 2017 年 3 月 31 日印发的《企业会计准则第 22 号——金融工具确认和计量》和 2017 年 7 月 5 日印发的《企业会计准则第 14 号——收入》的日期。

为解决执行企业会计准则的企业在财务报告编制中的实际问题，规范企业财务报表列报，提高会计信息质量，针对 2018 年 1 月 1 日起分阶段实施的《企业会计准则第 22 号——金融工具确认和计量》（财会〔2017〕7 号）、《企业会计准则第 23 号——金融资产转移》（财会〔2017〕8 号）、《企业会计准则第 24 号——套期会计》（财会〔2017〕9 号）、《企业会计准则第 37 号——金融工具列报》（财会〔2017〕14 号）（以上四项简称新金融准则）和《企业会计准则第 14 号——收入》（财会〔2017〕22 号，简称新收入准则），以及企业会计准则实施中的有关情况，财政部 2018 年 6 月 15 日发布通知，对一般企业财务报表格式进行了修订。

执行企业会计准则的非金融企业中，按是否已执行新金融准则和新收入准则的企业分类编制报表。企业对不存在相应业务的报表项目可结合本企业的实际情况进行必要删减，企业根据重要性原则并结合本企业的实际情况可以对确需单独列示的内容增加报表项目（见表 2-14）。

表 2-14 2018 年财务报告主要变化

适用于尚未执行新金融准则和新收入准则的企业	
资产负债表 主要是归并原有项目：共 8 个方面变化	（1）"应收票据"及"应收账款"项目归并至新增的"应收票据及应收账款"项目 （2）"应收利息"及"应收股利"项目归并至"其他应收款"项目 （3）"固定资产清理"项目归并至"固定资产"项目 （4）"工程物资"项目归并至"在建工程"项目 （5）"应付票据"及"应付账款"项目归并至新增的"应付票据及应付账款"项目 （6）"应付利息"及"应付股利"项目归并至"其他应付款"项目 （7）"专项应付款"项目归并至"长期应付款"项目 （8）"持有待售资产"行项目及"持有待售负债"行项目核算内容发生变化
利润表 主要是分拆项目，并对部分项目的先后顺序进行调整，同时简化部分项目：共 4 个方面变化	（1）新增"研发费用"项目，从"管理费用"项目中分拆"研发费用"项目 （2）新增"其中：利息费用"和"利息收入"项目，在"财务费用"项目下增加"利息费用"和"利息收入"明细项目 （3）"其他收益"、"资产处置收益"、"营业外收入"行项目、"营业外支出"行项目核算内容调整 （4）"权益法下在被投资单位不能重分类进损益的其他综合收益中享有的份额"简化为"权益法下不能转损益的其他综合收益"
所有者权益变动表	主要落实《〈企业会计准则第 9 号——职工薪酬〉应用指南》对于在权益范围内转移"重新计量设定受益计划净负债或净资产所产生的变动"时增设项目的要求，新增"设定受益计划变动额结转留存收益"项目
适用于已执行新金融准则和新收入准则的企业	
资产负债表 主要是归并原有项目	（1）新增与新金融工具准则有关的"交易性金融资产""债权投资""其他债权投资""其他权益工具投资""其他非流动金融资产""交易性金融负债""合同资产"和"合同负债"项目。 同时删除"以公允价值计量且其变动计入当期损益的金融资产""可供出售金融资产""持有至到期投资"以及"以公允价值计量且其变动计入当期损益的金融负债"项目。 （2）"合同取得成本"科目、"合同履约成本"科目、"应收退货成本"科目、"预计负债——应付退货款"科目按照其流动性在"其他流动资产"或"其他非流动资产"项目中列示 （3）"应收票据"及"应收账款"项目归并至新增的"应收票据及应收账款"项目 （4）"应收利息"及"应收股利"项目归并至"其他应收款"项目 （5）"固定资产清理"项目归并至"固定资产"项目 （6）"工程物资"项目归并至"在建工程"项目 （7）"应付票据"及"应付账款"项目归并至新增的"应付票据及应付账款"项目 （8）"应付利息"及"应付股利"项目归并至"其他应付款"项目 （9）"专项应付款"项目归并至"长期应付款"项目 （10）"持有待售资产"行项目及"持有待售负债"行项目核算内容发生变化
利润表 主要是新增项目、分拆项目，并对部分项目的先后顺序进行调整，同时简化部分项目	（1）新增与新金融工具准则有关的"信用减值损失""净敞口套期收益""其他权益工具投资公允价值变动""企业自身信用风险公允价值变动""其他债权投资公允价值变动""金融资产重分类计入其他综合收益的金额""其他债权投资信用减值准备"以及"现金流量套期储备"项目 （2）在其他综合收益部分删除与原金融工具准则有关的"可供出售金融资产公允价值变动损益""持有至到期投资重分类为可供出售金融资产损益"以及"现金流量套期损益的有效部分" （3）新增"研发费用"项目，从"管理费用"项目中分拆"研发费用"项目

适用于尚未执行新金融准则和新收入准则的企业	
利润表 主要是新增项目、分拆项目，并对部分项目的先后顺序进行调整，同时简化部分项目	（4）新增"其中：利息费用"和"利息收入"项目，在"财务费用"项目下增加"利息费用"和"利息收入"明细项目 （5）"其他收益"、"资产处置收益"、"营业外收入"行项目、"营业外支出"行项目核算内容调整 （6）"权益法下在被投资单位不能重分类进损益的其他综合收益中享有的份额"简化为"权益法下不能转损益的其他综合收益"
所有者权益变动表	主要落实《〈企业会计准则第9号——职工薪酬〉应用指南》对于在权益范围内转移"重新计量设定受益计划净负债或净资产所产生的变动"时增设项目的要求，新增"设定受益计划变动额结转留存收益"项目

2.3.2.3　2019 年财务报告变化

（1）2019 年 5 月 9 日财政部会计司发布通知，从 2019 年 6 月 10 日起在所有执行企业会计准则的企业范围内施行新修订完成的《企业会计准则第 7 号——非货币性资产交换》。

（2）2019 年 5 月 16 日财政部会计司发布通知，从 2019 年 6 月 17 日起在所有执行企业会计准则的企业范围内施行新修订完成的《企业会计准则第 12 号——债务重组》。

为解决执行企业会计准则的企业在财务报告编制中的实际问题，规范企业财务报表列报，提高会计信息质量，针对 2019 年 1 月 1 日起分阶段实施的《企业会计准则第 21 号——租赁》（财会〔2018〕35 号，以下称新租赁准则），以及企业会计准则实施中的有关情况，财政部于 2019 年 4 月 30 日发布通知，对一般企业财务报表格式再次进行了修订，适用于执行企业会计准则的非金融企业 2019 年度中期财务报表和年度财务报表及以后期间的财务报表。

执行企业会计准则的非金融企业中，按是否已执行新金融准则和新收入准则的企业分类编制报表；已执行其中之一的企业，应当结合要求对财务报表项目进行相应调整。企业对不存在相应业务的报表项目可结合本企业的实际情况进行必要删减，企业根据重要性原则并结合本企业的实际情况可以对确需单独列示的内容增加报表项目（见表 2-15）。

表 2-15 2019 年财务报告主要变化

资产负债表	(1) 将原"应收票据及应收账款"项目拆分为"应收票据"和"应收账款"两个项目 (2) 将原"应付票据及应付账款"项目拆分为"应付票据"和"应付账款"两个项目 (3) 所有者权益项下新增"专项储备"项目，反映高危行业企业按国家规定提取的安全生产费的期末账面价值。该项目根据"专项储备"科目的期末余额填列
利润表	将利润表"减：资产减值损失"调整为"加：资产减值损失（损失以"-"号填列）"
现金流量表	明确了政府补助的填列口径，企业实际收到的政府补助，无论是与资产相关还是与收益相关，均在"收到其他与经营活动有关的现金"项目填列
所有者权益变动表	(1) 根据资产负债表的变化，在所有者权益变动表新增"专项储备"项目 (2) 明确了"其他权益工具持有者投入资本"项目的填列口径，"其他权益工具持有者投入资本"项目，反映企业发行的除普通股以外分类为权益工具的金融工具的持有者投入资本的金额。该项目根据金融工具类科目的相关明细科目的发生额分析填列

2.3.3　信息披露的加强

从以上的分析可看出，我国的财务报告的发展是随着我国经济环境的发展而不断地发展变化着。一方面，现有财务报告和国际实质性趋同；另一方面，也更重要的是，针对知识经济的新环境出现了新的问题，加强披露以下信息：

2.3.3.1　分部信息

随着中国证券市场的快速发展，不仅使大量的国有企业成功上市，而且形成了很多跨行业、跨区域的集团公司，在这种情形下也引起了大量投资者对某些真实客观的报告信息需求量大大增加。

1994 年美国注册会计师协会的《论改进企业报告》研究报告中，将提供分部报告放入改进公司会计报告的首要位置，分部的信息贯穿整个会计报告。如在管理部门对财务和非财务数据的分析部分是按不同的分部进行成本、费用、财务状况分析；在前瞻性信息披露部分，按不同的分部披露风险、机会、管理部门的计划、实际经营业绩与以前披露的比较；在公司及其分部背景部分，描述不同分部的广泛目标和战略、经营范围和内容、产业结构对公司的影响。在 1997 年，IASC 也正式颁布了《分部报告》会计准则。我国财政部于 2006 年 3 月新颁布的准则《企业会计准则第 35 号——分部报告》，对关于分部信息披露提出具体要求。

2.3.3.2　衍生金融工具信息

中国银行于 1984 年在我国首先从事了衍生金融工具方面的工作，在贸易公司和借款项目单位双重委托下，中国银行开始代理客户从事境外外汇期货、期权、互换交易业务。衍生金融工具信息在会计报告中披露较少的原因是我国金融市场还不发达，衍生金融工具品种较少，企业利用衍生金融工具进行风险规避和投机的活动并不常见，在整个企业的业务中所占的比重也不大。随着我国金融市场发展的日趋成熟，金融品种不断创新，衍生金融工具信息在以后的会计报告中会占据十分重要的地位。

2.3.3.3 前瞻性信息

前瞻性信息主要包括企业面临的机会与风险信息，在我国其他上市的财务报告披露中极少披露，我国关于这方面的规范性文件也非常少。在经营不确定性非常大的知识经济时代，对前瞻性信息的披露对减少投资者风险有十分重要的作用。

2.3.3.4 人力资源信息

目前，大部分上市公司高层管理人员基本情况在表外进行简单介绍，相对于国外上市公司详细的雇佣报告披露、退休金披露等，我国上市公司人力资源披露还远远不够。在知识经济的大环境中，人才在企业生存发展中的重要性越来越为人们所认识，人力资源在财务报告中的比重需要加强。

❸
知识经济环境对财务报告体系的冲击

3.1 知识经济环境概述

知识经济的产生和发展将对投资方式、产业结构、教育功能和形式产生深远影响。从投资方式来看，信息、教育与通信等知识密集型行业就业前景的突然增长，将引起大规模投资无形资产的现象。从产业结构来看，电子贸易、网络经济、在线经济等新兴产业即将大规模涌现；同时，农业等传统产业会日益知识化。此外，知识的学习积累与创新将成为产业结构改变与调整的前提，产业结构改变的速度与跨度同时呈现跨越式发展的特点。产业结构改变与调整还将使伴随学习和教育的经济活动融入经济活动的各个环节。同时，加速知识更新促进终身学习演化成为必然。

3.1.1 知识经济的发展

"二战"后，因为技术创新在信息领域的不断应用与发展和信息产业集群的产生与发展，世界经济发展跨进了一个全新阶段。经济结构开始将存在于物质空间领域的重心转移向信息空间。美国著名学者德鲁克率先提到"知识社会"这一概念，美国著名社会学家丹尼尔·贝尔在对后工业社会的研究成果——《后工业化社会的来临》一书中谈到，信息以及知识将成为关键变量。美国未来学家约翰·奈斯比特在其著作《大趋势》中写到，价值在信息社会中的提升是依靠扩展知识实现的。美国经济学家保罗·摩尔在其新经济增长理论中谈到，知识已变成刺激经济快速前进的核心动因和经济活动中关键的资源。信息社会来临成为知识经济时代最鲜明的标志，依托信息技术发展的知识经济对美国整体经济的作用日益明显。据美国商务部发表的报告说，信息技术这一产业在过往的五年中向美国创造了数万个崭新的就业岗位。在美国雇用工人劳动力数量最多的高新技术行业中，雇员工资高于美国国内私营企业的平均工资，就美国的销售和出口而言，高新技术已经居于最大工业部门的地位，其生产总值大约是美国国内生产总值的 1/2。美国一半以上的经济增长是借助于信息技术的应用，计算机和电信业的增长率是美国经济的 2 倍，但美国国内通货膨胀率和失业率降至数年以来的最低水平。在投资于美国信息产业的金额首次超过其他产业之后，美国对信息技术和计算机等产业的投资金额高于往年并已达到上亿美元。迄今为止，位于美国的大多数高科技企业的无形资产已经超过企业现有总资产。

经济合作与发展组织正式提出了"知识经济"的概念。该机构认为知识经济依托的是知识，而且指出"知识经济的产生与发展依赖于知识和数据信息从产生到最终发挥作用的全部过程"。"知识经济"也可称为"新经济"，主要指的是数字经济或者网络经济。知识经济强调知识资源的所有权和分配权，强调科技知识从产生到最终运用这一过程对经济活动的重要性。作为一种充满活力的新型经济形态，它和工业经济大不相同，工业经济侧重于传统的工业和自然资源。它对应于农业经济和工业经济而存在，拥有前所未有的影响力。

知识经济时代明显区别于传统经济时代的是财富外在形态的多样化。在知识经济时代，人力资本和无形资产对单个企业而言至关重要，在未来能够带给企业经济上的效益，符合资产这一概念。在传统经济时代，他们要么不反映，要么就会不正当地进行反映。会计信息必须表现经济价值才会满足人们的需求。即使人力资本以及无形资产在传统经济时代不受表现是能够允许的，但是在知识经济时代就显得不可或缺。另外，技术更新速度提高的同时，以传统的财富形式存在的资产价值发生了巨大变化，财务信息也因此发生变化。

3.1.2 知识经济及其要素

"知识经济"可简单而言为人类知识，特别是科学技术方面的知识的历史产物。关于知识经济的概念，国内外学者有各种各样的观点，但其本质含义都是一致的。大部分学者都引用 OECD 中"以知识为基础的经济"的概念。在 OECD 的报告中谈到的知识经济实际上是"一个将占用、配给、产出、分配和使用（消费）知识（智力）资源当作核心要素的经济时期"。

在依靠知识要素发展的知识经济时代，首要产业支柱是高技术产业。知识经济与信息经济密切相关的同时也存在某些区别，如表 3-1 所示。

表 3-1　知识经济与信息经济的区别与联系

	知识经济	信息经济
区别	创新是关键，重视人脑和智力	重视信息共享
联系	信息革命和信息化促进知识经济的发展	

3.1.2.1　知识是知识经济的本质要素

在知识经济时代，经济增长的核心因素便是知识，其重要性高于传统的资本、土地和劳动这三种生产要素的地位。运用知识与增加创造力是整个经济活动的新中心。知识作为知识经济社会的通用型资源，它涵盖的范围既涉及硬知识产品，例如信息科学技术、生物技术；又涉及软知识产品，例如无形资产、信息服务业以及拥有智力知识的劳动者。

知识具有生产要素与产品的双重属性，使知识与经济处于不断的互动状态中。一方面，知识是持续地全面渗透到经济生活各个领域，致使知识领域的经济比重日益增加，在大范围的知识层面上不断发生知识经济化现象，进而产生知识经济这一产业。另一方面，经济在发展过程中，持续渗入文化领域和知识层面，逐渐加大了知识对经济活动的作用，在大范围的经济层面上不断发生知识经济的知识化这一现象，促使各个产业都受到了知识的重大影响，而此时影响商品价值的核心便是知识含量和知识附加值。存在于知识和经济之间的这种特殊关系将知识经济一体化变成现实，最终产生知识产业，知识也就理所当然地居于知识经济社会核心要素的地位。

3.1.2.2　人才是知识经济的核心要素

知识经济立足于人才是世界发展的关键这一现实，源于现实教育水平和个人综合素质的全方位提高。知识的产生、发展和运用皆在人脑中进行，知识的运用又取决于人的自主能动性。一方面，人类大脑的劳动产生了知识；另一方面，人在学习与使用知识过程中不断对知识进行创新。而掌握了知识的人本身就是一种软知识产品。人类创造了知识和知识经济一体化，但知识应用的结果也作用到人身上。人类的知识是组织经济活动的首要底气、首要目标、首要资源，因此，人的核心地位将无法在知识经济社会中被取代。

人类智力在以货币为等价物的市场经济体系下，产生人力知识资源与诸如物质和货币这样的非人力知识资源协同创造价值、共担经济风险、共享经济收益的局面，也使市场经济的发展不再属于资源依赖型，而转化为依赖于人的知识智慧和创新发展的知识依赖型，因此它属于企业的核心资本。

3.1.2.3　信息技术是知识经济的动力要素

20世纪90年代以来的数字化、网络化信息革命，使信息的传输更加综合化与迅速化，深刻地改变了人类的生产、工作、生活方式和世界贸易方式，信息技术渗透到人类生产与生活的各个部门，极大地提高了整个社会的生产效率。信息技术成为知识经济的动力要素具体表现在：①培育，信息技术促进知识在经济增长中的作用与价值不断增长。②"倍增器"，信息技术高度集成生产产品信息，大大提高了工业生产过程的控制精度和自动化水平；信息技术融入产品之中，提高产品的智能化程度、附加值和竞争力。信息技术帮助管理和办公人员实现信息交流和数据共享，提高管理决策水平和办事效率。

3.1.2.4　知识经济也是智能经济

知识经济，又名智能经济，是相对于农业经济和工业经济而言的定义，是指以知识与信息的产生、分配以及运用为基石的经济。这是一种倚靠稀缺自然资源而不同于传统产业的新经济形式。20世纪80年代初产生了知识经济这一理论，1983年美国经济学家罗默对"新经济增长理论"发表了看法，他认为知识作为关键的生产组成部分，能够提高投资回报率。新经济增长理论意味着知识经济在理论范围构成雏形。然而，知识经济是一个崭新的事物，是一种全新的经济产业形式，微软公司的总裁比尔·盖茨代表的软件知识产业的崛起标志着知识经济的产生。比尔·盖茨的主打产品是软盘和其包含的知识，计算机的发展正是得益于这些知识内容的大幅度运用，目前微软的生产总值已越过美国最大的三家汽车企业。美国经济发展大部分得益于其5000家软件企业，这些企业对全球经济的贡献可与世界500强企业相提并论。

马克思主义理论的核心观点是历史唯物主义，其认为客观存在决定了意识，生产关系受生产力影响，经济基础作用于上层建筑。马克思在自己的著作《政治经济学批判导论》中提到："不管是什么样的社会形态，除非在它能够容纳的一切生产力产生出来之前，否则它永远不会消亡。但是，在旧社会物质条件成熟之前，新型的、水平更高的生产关系是不会产生的。"知识经济避免了工业经济里的种种缺点，知识经济真正倚靠的是个人才智而非利用剩余价值来创造财富。知识经济产品没有工业产品的排他性这种属性。人们不再成为物质财富的奴隶，而成为物质财富的主人。与此同时，这也符合保护生态环境和发展循环经济的观念，从根本上应对资源稀缺的难题。

3.1.3　知识经济的特点

知识经济具有如下的特点：知识经济是一种促进经济与生态平衡、符合可持续发展战略的新型经济形式。知识经济是科学、合理、全面、有效地运用现存资源，并且及时利用闲置资源，达到取代即将枯竭与稀少的自然资源；知识经济主要通过投资无形资产的方式来发展，在知识经济的发展中，知识、才智与无形资产的投资具有重要影响。知识经济是全球经济一体化背景下的产物，全球范围内的广大市场成为保证知识经济稳固增长的关键动力之一。知识经济在决策进程中受知识影响，科学决策所具备的宏观调控功能在知识经济时代发挥的作用日益明显。

3.1.3.1　资产投入智能化

根据经济学理论来理解，工业经济发展的根本与核心是物质资源；知识经济发展的根本与核心是存在于人脑中的智力资源，这是知识经济尤其鲜明的特点，在现实中则表现为经济发展极大地受益于人力资源与科技知识。相较于过去工业经济对设备与资金强烈的需求并且受有形资产的巨大影响，知识经济更看重对知识和智力的运用，因此，科学技术毫无疑问是第一生产力。

由于知识资源代替了物质资源，企业在知识经济时代下非物质资产比重逐渐增加，因此对于同类产品来说，产品价值中的物质比例降低。同样，对于不同类产品，知识密集型产品在整个知识经济社会产品中的占比将得到提高。如软件产业的产品主要是包含在软盘、光盘中的知识，其中的物质成分相对来说几乎为零。社会价值观受到无形资产价值的直接影响，针对不同知识水平层面的人来说，知识水平更高的人拥有高水平报酬的机会变多，智能化在资产投入方面的发展要求会计加强对人力资产的核算与管理。

3.1.3.2　经济发展金融化

一方面，在知识经济环境下，高度发达的信息技术为金融市场的发展提供了技术支持。信息技术的发展带动了全球电子商务发展，在电子商务的推动下，各种创新金融工具层出不穷，不断地改变着金融行业的整体运行。而金融机构为在竞争中取得优势，也积极开拓新的业务领域，应用新的技术，发展新的交易方式，以最大限度地扩充新的利润来源。

另一方面，知识环境下经济个体对金融市场的依赖性加强，使经济发展更加金融化。金融作为企业资金投放与筹集的渠道，它也可帮助企业有效地挑选理财决策的信息。投资者与借款人需要分散或回避风险，资金需用求者要不断地扩大信贷资金和股权资金的来源与提供方式，他们都进入金融市场寻求支持。借助发达的信息技术，信息的生成、扩散与应用越来越容易，不仅大大加快经济资源重新配置的速度，而且加大了象征性交易（如期货、期权）相关的风险。

经济金融化造成了经济个体信息的大量需求，也为了提高投资行为和信贷行为的质量，财务会计必须提供足够判断企业价值和运营状况的信息。

3.1.3.3　世界经济一体化

知识经济是世界经济一体化大环境下的经济形式。由于知识资源可以无限制地共享，因此所有国家皆能够尽情将全人类共同的知识投入经济活动，最终真正实现世界经济一体化。

一体化经济带来了无国界经济的出现，传统的跨国公司已转化为超国界企业，在超国界企业中，母公司与子公司的界限已越来越模糊，一国的自然资源与人力资源已不再仅为本土企业独享，而成为世界经济的共享品。

同一经济体内，经济的一体化与各国各地区不同的政治环境产生了矛盾，处在不同的分部将面临不同的机会与风险，对投资者与管理者的决策产生着极大的影响。

3.1.3.4　经济环境数字网络化

工业信息化带来知识经济，相较于工业经济，数字化和网络化在知识经济时代发挥的作用明显到能影响宏观经济，能够促进市场环境和经济信息快速变化。信息数字化又促进了虚拟化的产生，诸如虚拟办公、虚拟企业这样的虚拟形式完全颠覆人类传统的经济活动。互联网凸显了企业员工存在的价值，员工作为企业最小的单元可以根据工作需要进行团队合作，通过自身智力帮助企业获得创新。

基于互联网技术，公司能够接触一切资源和盟友，逐渐扩大并淡化企业的边界，形成线上线下一体化的组织形式。微观层面，劳动者所处的环境和具体工作范围将会受到这些的影响；宏观层面，市场在分配、交易和贸易方面也将会受到这些的影响。

信息数字化改变了传统的会计工作，磁介质与光电介质上的会计信息可以实现同一数据多方面的复杂会计工作；极快的数据分析处理速度促使各个职工与部门在工作中的交流与共享免受时空的限制。这有助于企业快速筛选出高质量的信息以供企业进行经营管理方面的决策。同样，变革也迫切出现于会计与实务中。

3.2　知识经济下财务报告供需双方的变化

竞争力表现为以知识为基础的科技实力。国家的繁荣、民族的复兴、企业的发展和个人的成长，皆依靠掌握、应用和创造知识。创造、学习和创新知识变成人类最首要的活动。学习知识变成走在时代发展前沿的要求，特别是学习由高科技信息汇集而成的知识经济体系，它的迅速扩张引起了全世界的关注。

3.2.1　财务报告信息提供者变化

人们利用知识经济概念来区分物质经济和资本经济，它们在生产中主要分别依赖于物质与经济。不同于依赖物质、资本等要素投放的经济发展，现代经济发展在一定程度上依靠知识比重的增长。但是，不能因此而简单判断知识经济只是和物质经济或资本经济有所不同。

首先，人们对经济时代的分类包括自然经济和工业经济，但从无物质经济和资本经济的说法。另外，经济时代的划分标准是生产要素而非生产成果，如表3-2所示。这两者存在很大的不同，那就是社会在一定时期的主导生产工具和借此产生的产业，因此不能用物质经济和资本经济来定义。知识经济不仅仅表现在知识对生产过程的关键影响，而且表现在已经形成了对经济发展有核心影响的知识产业，在这些知识产业中，信息产业具有代表性。美国经济学家罗默提出了对此的看法，在计算经济增长的过程中必须将知识纳入生产要素函数。因此，

OECD 将知识经济定义为基于知识的经济，揭露出知识在现代经济发展过程中的基础性地位，准确映射出知识经济的现状。因此，我们将经济时代作为切入点来理解知识经济，如果我们以知识经济作为称谓，那么必须保证这一称呼有对应可以用来解释的经济理论依据。这需要一个着手点，这一着手点明显非报纸所展现的那些为了证实知识经济的文字，真正关键的应该是印证知识经济可能性的基础性理论。

表 3-2　经济时代的划分标准

经济时代	自然经济	工业经济	知识经济
生产要素	土地	资本	知识

3.2.1.1　报告主体存在的新形式——虚拟企业

在知识经济时代要求企业有很高的柔性和企业市场应变能力。而各种企业都有自己的不足与缺陷，因此将具有知识、技术、资金、原材料、市场、管理等资源的企业联合成一种组织形式——虚拟企业，其出现也是必然趋势。

虚拟企业是由多个成员公司（或单位）组成的一种有时限（暂时、非固定化）的相互依赖、信任、合作的组织。虚拟企业的形式灵活、结构简单、构造快捷，其规模随任务需要而定，可大可小，成员可多可少，呈现出一种开放性的网络结构。企业的组织规模在时间与空间上都是不确定的，没有固定的厂房和设备（因而也就最大限度地节省固定成本），推动企业运转的不是资金，而是信息。虚拟企业实现了水平管理，企业的边界已经淡化，即便是将企业视为内部共同体，企业也可以随时解散；单独存在的企业之间也可以进行组合。一旦产品的生命周期结束，成员自动解散或重新开始下一轮产品和项目任务的动态组合过程。这一点是虚拟企业与以往各种组织形式的本质区别，也只有在知识经济条件下，IT 高度发达、资源高度共享的情况下才能形成。虚拟企业的发展将对会计主体假设产生极大的冲击。

3.2.1.2　报告主体业务范围重点的变化

宏观与微观经济重点的转变使一些在工业经济环境下不重要的会计问题（人力资源、衍生金融工具等）变得迫切需要改革。从宏观层面来看，知识产业代替传统产业成为国家支柱产业，现在 OECD 主要成员国的国内生产总值已有一半以上是以知识为基础的企业生产的。从微观层面来看，企业逐渐重视股票期货市场的收益；新产品的创新速度越来越快，企业投入大量资金进行产品研发以保持竞争优势，据统计 OECD 国家投入到研究与开发的费用约占 GDP 的 2.3%。

3.2.1.3 报告主体提供的信息变化

在第 1 章中已提过，报告主体提供财务报告一定要在成本与效益中做出权衡。报告主体一般只是按法规要求按期提供规范格式的财务报告，以降低财务报告编制与披露不当造成的诉讼成本。但在知识经济环境中，这些发生了变化。

一方面，网络信息技术与数据库技术的发展，大大降低了规范财务报告的编制成本。会计电算化的发展，使规范的会计工作量大大降低，数据的传递、计算、重组、分类变得十分容易，传统的登记凭证、记账、结账、对账、编制报表的过程，用计算机可以迅速准确地完成。编制成本的降低使报告主体有精力去分析、处理、总结规范财务报告之外的信息。另一方面，企业日益认识到利用财务报告进行企业宣传的战略意义，因为一份报告披露信息得当与否，直接影响公司的形象、投资者对公司的信心以及公司能否因此筹集到成本较低的资金或公司证券在资本商场上的变现能力与流通能力。而一般来说，信息需求者总是对相对详细的会计信息更为青睐。因此，报告主体愿意披露更多的表外信息，以更灵活的方式提供信息，以吸引更多的投资者。

3.2.2 会计信息使用者变化

不同的会计信息使用者所需要的信息的质量不一，对报告企业的信息需求也是不一样的。信息获取的渠道各异，从而导致信息的内容不一。

3.2.2.1 信息需求的扩展

不同的信息需求者对报告企业的信息需求是不一样的，自然不可能对其所需信息全部尽述，本书认为知识经济环境中会计信息使用者的需求扩展重点在于人力资产信息的需求、未来机会与风险信息需求、分部信息的需求。

第一，对人力资产信息的需求。知识经济下，知识成为发展经济的首要因素，提高了知识的载体——人在企业中的作用，人力资产正日益成为决定企业未来现金流量与市场价值的主要动力。但主要适应工业经济时代的现有会计对其反映与披露却很不完全，在知识经济时代，信息需求者与使用者要求对企业的人才资源投入、挖掘和管理状况有所了解，从而了解企企业管理者对人力资源投资是否重视以及企业人力资源的水平——这在一定程度上将决定企业以后各期的获利能力及经营发展前景，以便做出科学合理的投资决策或管理决策。

第二，对未来机会与风险信息的需求。知识经济下，知识快速更新，带来的产品经济寿命期缩短，更新层出不穷，导致企业生产经营活动存在许多风险；而经济金融化引发了对金融工具的创新和衍生金融工具的创造，更破坏了经济原有的相对稳定。对于外部会计信息使用者而言，经济活动越发不稳定显然放大了他们的决策风险。而现行财务报告通常基于历史成本原则，多反映一种过去发生的经济事实，对于一些蕴含巨大的风险与机会的交易或项目（如衍生金融工具），又常常因为确认计量问题而无法纳入财务报表，只能在表外进行非货币性的反映。因此，信息需求者需要财务报告提供更有用的机会与风险的信息，以及与未来相关信息联系紧密的现金流量信息，从而衡量一个企业面临的机会与风险，做出对企业的评价或对信贷风险的判断。

第三，对分部信息的需求。知识经济下世界经济一体化，企业的活动范围已不再受国家和地区的限制而走向全球化，相当一部分企业在跨行业、跨地区、跨国界经营上迈出了很大的步伐。而越来越多信息需求者将企业分部视为能够产生未来收益或现金流量的工具，并期望从投资中获得收益。现行财务报告体系中较成熟的合并报表提供涵盖整个企业集团的聚合信息，同时也掩盖了集团中处在不同行业、不同地区的各个公司情况。一些会计发达国家，如美国、英国等虽已制定了分部信息披露的相应法规（美 FASB-18，21，24；英 SSAP-25），但对于如何确定分部及其净资产，如何在分部间进行共同费用分摊等仍存在许多问题。而我国却仍未对多元化的跨国化公司的行业分部，只做了定量性披露的要求。因此，信息需求者对可比而科学的分部信息披露的要求越来越迫切。

3.2.2.2 信息获得方式的变化

网络技术是知识经济的核心技术，网络使整个世界变成了一个"地球村"。信息使用者不仅可以从报纸、杂志、电视等媒介获得企业的财务报告，而且可以通过日益普及的 IT 来获得企业会计信息。

企业外部信息需求者可通过互联网访问企业财务报告。互联网是一个全球性的计算网络系统。它是借助于现代通信和计算机技术，基于一个统一的 TCP/IP 通信协议，由多个网络互联而构成的网络。它是建立在网络之上的网络，是一个资源共享的集合体和人们理想化的通信模式，是实现全球信息化的一种快捷、有效、方便的手段。互联网构成了知识经济社会的信息基础结构。用户只需一台电脑、一个 MODEM、一条电话线，就可以进入互联网世界，查询所需信息。

企业内部报表使用者可以通过内联网访问自己的数据库服务器来获取信息。内联网即企业内部专用网，它是以互联网的通信要求、Web 技术与装备为基础来构建或改装可用于 Web 信息服务和数据库连接等其他服务性应用的独自形成一个体系的企业内部专用网络。它能够接入互联网进而成为互联网的局部构成，如果面对安全威胁，可利用"防火墙"技术和互联网隔离。

企业关联企业可以通过外联网获得企业财务报告。内联网进一步向企业外部延伸，加上一定的路径保护，就形成了外联网。这样使用范围扩大到企业与相关企业间，又可以保守商业机密，因此促使企业和关联企业、上游的供应方与下游的经销方相互之间产生更广泛的信息交流。信息方式获取渠道网络化使财务报告需求者对财务报告的实时处理、网上传输提出了要求，有的信息需求者甚至希望能利用网络技术获得与分析企业的原始数据，编制适合自己的财务报告。

3.2.3 信息使用者需求对财务报告改革的影响

一方面，随着会计环境不断发生变化，财务报告也随之持续进行调整与改革，财务报告在丰富披露内容、扩充披露范围、提高披露质量、完善披露方式方面的改变都对以往财务分析体系产生大范围的影响，进而促进财务分析体系的重构；另一方面，面临会计信息使用者和会计信息需求的双重改变，会计信息使用者在重新构建财务分析体系时，对财务报告出具的内容、质量与形式要求更高，这就更深层次地变革了财务报告。从会计环境来思考，财务报告革新对财务分析体系重构有重要作用，从信息使用者需求来思考，重构财务分析体系又反过来作用于财务报告的革新。除此之外，会计环境与财务报告在从属范围内更偏向客观，但是信息使用者需求与财务分析体系在从属范围内更偏向主观范畴，在客观环境条件改变与主观要求变动的相互作用下，持续产生调整与相互作用，以此适应会计环境与信息使用者需求的双重变化。

会计信息使用者的规定范畴和信息需求是重构财务分析体系的动力因素，从而关系到财务报告的改革趋势。

3.2.3.1 会计信息使用者

在确定会计信息使用者范围方面，学者们普遍采取了越来越广泛的方法。Cyert 和 Ijiri（1974）表示，企业、财务报告的使用者和会计相关组织团体是影响财务报告内容的关键利益相关者。Beaver（1981）认为，投资主体、信息中介机构、监管者、管理层和审计师是财务报告的利益相关者。根据 Cushing（1989），财务报告的利益相关者包括 11 个群体，即投资主体、财务分析师、公司客户、会计工作者、公司员工、公司供应商、审计人员、公司会计人员、政府监管机构、数据信息处理公司以及公司经理。张天西和杨海峰（2004）认为，在财务报告环境网络化的情况下，企业、信息相关使用者、中介服务组织、监管督察部门和财务软件供应商是财务报告最核心的利益相关者，从投资主体的立场来看，用户可分为三个层次，即普通用户——散户投资主体、高级用户——大投资主体和专家用户——会计方面的教授与财务分析师。

随着会计信息使用者的定义变得逐渐宽泛，出现了使用者层面的论证。例如，Hoskin 等（2000）将使用者划分为内部与外部两部分。管理层和董事会属于内部用户。股权所有者、债权人、监管机构、税务机关、同行竞争对手、证券分析人员、信用评级机构与工会皆属于外部用户。例如，CICA 的一些研究成果将财务报告中的利益相关者分为一级用户和二级用户，股权所有者（个人投资者与机构投资者）、债权人（债券拥有者与贸易债权人）、分析师与顾问属于一级用户；二级用户包含公众、标准制定者、政府、监管机构、员工、客户、上游供应企业、行业组织、工会、其他企业以及学者。又如，在人们对企业利益相关者理论的认识逐渐成熟的同时，企业划分利益相关者的标准也会直接对会计信息使用者的范围和水平产生影响，王竹泉（2006）的观点具有指导性和可应用性。他认为，企业实质上是集体性选择的产物。利益相关者作为此集体性选择的参与成员，运用集体性选择来保障自己所持的利益，而追求这些利益有助于实现企业目标。利益相关者根据能否参加集体性选择可分为两类：第一大类是企业组织里的利益相关者，他们共同的利益与目标是实现企业经营价值（简称企业价值）。第二大类是企业组织以外的利益相关者，他们无法接触到企业的集体性选择，但他们的利益却直接受到企业日常经营活动的影响，此影响表现在企业社会价值上。内、外部利益相关者清楚地反映了不同信息使用者在财务分析与财务报告方面具有不同的偏好。企业内部利益相关者更关注企业价值创造和共享、企业整体发展和成长等方面的信息，而外部利益相关者则希望打破信息不对称的屏障以获取帮助他们自己进行有效决策的信息。

3.2.3.2 会计信息使用者需求发挥作用的前提

尽管会计信息使用者对待会计信息的要求与偏好是个性化的，但是会计信息的要求与偏好并非皆可转化成为正确有效的信息需求，在这一过程中还需要形成信息使用者需求团体、建立信息需求表现机制和均衡各个信息需求方的实力。

第一，信息使用者需求团体的产生。信息使用者主要可以分为三个部分：①对信息需求内驱力的大小。信息用户对信息需求内驱力的大小主要由其在企业契约中的地位以及共同知识中满足自身关注信息的程度所决定，比如股东在单独治理时，股东主导契约，股东较重视企业盈利能力方面的信息，如果企业提供以偿债能力为主要内容的财务信息时，股东不太满意，其便有较强的欲望改变现有的财务信息披露情况。②信息使用者的成熟程度。把历史时期和国际环境作为两个变量，随着这两个变量改变，作为函数的信息用户成熟程度具有较大差别。信息使用者越成熟，有效改进信息披露的要求越多；信息使用者越不成熟，有效改进信息披露的要求越难以提出。例如，美国资本市场高度成熟的情况下，个人与机构投资者也较为成熟，因此能够左右财务披露的方向；但是国内证券市场起步晚，投资者专业水平参差不齐，提出有效改进信息披露的要求存在困难。③信息使用者群体影响力大小。在投资者、债权人、管理者、政府及管理机关、客户、员工和社会公众等诸多使用者中，使用者组成与地位不同，又存在是否成熟、主被动的区别，因此，使用者群体对财务报告供给的影响力也不同。

第二，信息需求表现机制的建立。信息需求对信息供给作用形式包括两种：因此，将信息需求转化为法律规范，并通过制定会计准则来约束和引导信息供给，是目前主要的途径。信息需求从古代会计报告至现代财务报表初步形成的时间段内，对信息供给的作用一直处于自发调节状态，这种反应速度与调节方式相对较慢。①凭借会计准则规范，将信息需求转变为法律规范，对信息供给进行约束和引导。会计准则制定机构常视财报分析师为信息使用的代表和"披露更多信息的思想源泉"，因此，财报分析师所偏爱的信息常常成为之后财务报告要求的重要指示器。以市场竞争为桥梁直接对供应商产生作用。在一个完全竞争的市场中的信息供求达到平衡是一件易事；然而，由于市场失灵和缺乏完全竞争的市场，市场竞争直接影响供应商的方式仍有许多缺点，比如效率低下。

第三，信息需求侧的权力制衡。由于信息使用者对信息的需求和偏好具有个性化要求，不同的需求与偏好存在矛盾和不协调，那么财务报告应怎样迎合用户具体的个性化信息需求？这主要受信息需求者权力的制衡与博弈的影响。

3.2.3.3 会计信息使用者需求对财务分析体系重构的影响

对于大多数会计使用者来说，从财务报告披露仅只能了解原始信息，如果要了解到更多有助于决策的有效信息，那么就要通过分析、处理、转化和解释来达成目的。因此，投资者、债权人、管理层、政府和管理机构、顾客、雇员和公众都可以成为财务报告的使用者，也可以是财务分析的主体。信息使用者对财务分析也有个性化的目的。例如，投资者侧重于分析企业的盈利能力，债权人倾向于考察贷款的安全性与效率，企业管理层关注提高企业的运营效率，政府和管理机构希望从财务报表中了解到关于国家管理和税收的信息，客户希望从财报中了解产业链的价值，公司雇员越来越关注企业的未来发展，公众持各自的目的了解企业的财务状况。但是，无论哪种类型的信息使用者以什么目的来了解财务报告，都需要运用专业的财务分析方法与手段进行所需的财务分析。当改变会计信息使用者类型或者其需求时，相对应的分析目的与要求也会有所改变，所采用的财务分析方法、手段和指标体系也需要相应调整，继而促进财务分析体系内容的重构。

3.2.3.4 财务分析体系重构对会计目标的影响

当改变会计信息使用者类型或者其需求时，相对应的分析目的与要求也会有所改变，所采用的财务分析方法、手段和指标体系也需要相应调整，继而促进财务分析体系内容的重构。这主观上也会改变财务分析的主要对象，即财务报告的总体要求和具体要求，从而对会计目标发挥作用。例如，在证券化占比高、市场经济高度成熟的美国，现存的以及潜在的投资者、债权人、管理层、雇员和顾客等都是企业会计信息的使用者。在财务分析中，注重企业的偿债能力、盈利能力、经营能力和社会责任等其他情况。会计目标特别强调有用的决策观，比起可靠性更强调相关性。然而，在国内市场经济初步发展、证券化比重相对较低的时期，作为不可或缺的投资主体，国家是会计信息的最大用户。财务分析的重点是完成企业的经济任务和经济计划，还包括国有资产的价值增加和资产维护。我国会计目标遵循受托责任制的要求，相对于相关性，更看重可靠性。

3.2.3.5 会计目标变化对财务报告的影响

改变会计目标可以通过会计信息质量、会计计量、会计确认三种渠道作用于财务报告。

首先，会计目标对会计信息质量特点的影响。会计信息质量是会计信息至少要达到的质量标准。如果产品达不到质量要求，就不能带给消费者应得的效用。会计信息产品的质量特性达不到质量标准，会计信息也不能达到设定的目标。在会计发展的进程中，财务会计目标决定财务报告里产生信息的质量情况。1970年发布的 APB 第 4 号报告率先把目标和信息质量关联在一起。这篇文献将会计目标阐述为普通目标，但是信息质量是一个定性目标。在财务会计系统性的概念中，会计信息的质量特征能够保证有效手段达成会计目标，它局限了财务报表里隐含的信息，以至于达到了会计目标的设定水平。会计信息的质量特征与会计目标有着紧密而不可分割的联系。如果财务会计目标遵循受托责任制，那么相对应来说财务会计信息质量特征侧重于可靠性；如果财务会计目标遵循的是有效的决策观，那么财务会计信息质量特征更侧重于相关性。受托责任制有助于谨慎性原则受到全面深入的运用；但在决策有用性理论下，实质重于形式的原则更为突出。

其次，会计目标对会计计量的作用。会计计量属性会随着会计目标的变化而变化。从受托责任的角度看，为了准确地反映管理层对于受托责任履行义务，受托责任理论坚持以可验证的历史成本作为计量属性。在决策有用性的观点下，想要得到有用的信息，需要过去、现在和将来的所有信息。因此，决策有用性理论主张通货膨胀中多种计量属性同时存在，并以现行成本作为计量属性以达到削弱价格波动对信息质量与决策效果的作用。在两个会计目标理论——决策有用性理论与受托责任理论的融合中，决策有用性理论是主流观点，大多数学者均赞同多重计量属性的共存。然而，对于会计计量属性的选择，还必须顾忌会计信息使用者、会计信息内容和财务报告形式等一些详细的会计目标。比如，20 世纪 80 年代，资本市场迅速发展引发了衍生金融工具交易的产生和流行。基于历史成本计量模型的会计信息在时间上严重延迟，无法立刻表现当前的财务真实情况。此背景促使投资者改变需求，他们对信息及时性的渴望迫切。以历史成本计量的会计信息误导了投资者的决定，因此他们便不再满足于现状。1990 年 9 月，时任美国证券交易委员会（SEC）主席的布里登（Richard C. Breeden）就是基于这样的背景率先谈到把公允价值当作金融工具的计量属性。

最后，会计目标对会计确认所产生的作用。会计确认的定义为：在交易与事项产生时，一个项目以要素（所属账户）正式被记载并按要素所属项目录入财务报表和其合计中的全部过程。会计确认是编制财务报告过程中必不可少的一个环节，它决定应当在哪个时间段将相关的经济业务记录为何种类型的要素，再计入财务报表中，最终达成财务报告的目标。而这些都由会计确认来决定。总的来说，会计确认由初始确认（记录确认）和再确认（报表确认）组成，这可以深入到会计处理的具体环节。初始确认的定义是：何种数据可以进入会计处理系统中，而再确认基于初始确认挑选出录入财务报表的信息和披露在财务报表外的信息。在实施具体的操作过程中，面临如下问题：何种项目有资格进入会计系统？这些项目应归于何种要素？何时确认？确认金额在什么范围？应该反映什么项目？以上问题的解决受会计目标影响。所以，会计目标对会计确认至关重要。同时，许多子系统共同组成了一个财务会计系统，财务会计系统存在一个整体目标，各个子系统也存在着子目标，子目标的确立要服务于系统目标。会计确认、计量以及信息质量特点等都由财务会计目标来决定，这个目标最终作用到财务报告的内容和形式之中。

3.2.4　建立供需双方有效的沟通机制

当今世界，企业提供的财务报告是一种普遍的报告模式，其提供的会计信息不能脱离"公共物品"的范围。因此，信息提供者不能满足所有利益相关者的阅读需求是有理可循的。按照目前常见的财务报告模式，通过一套完整的财务会计报告体系，将相同的信息传递给所有信息使用者，不仅可能超出中小投资者的实际需求，而且也无法满足机构投资者的实际需求。然而，在我国现有的股权制度下，投资者与管理者之间由于存在着明显的信息不对称以及缺乏及时有效的沟通，现状难以满足投资者的需要。因此，企业需要了解不同类型信息使用者的需求，保证对外披露的信息能够帮助决策者制定正确的决策和判断。因此，有效的信息沟通渠道很有必要建立，这可以针对性地处理经营者和投资者之间、经营者和监管部门之间信息不对称的问题。上市公司应根据投资者、债权人、政府机关、顾客、供应商和公众的不同要求提供智力资本信息。网络通信的建立可以极大改善上市公司经营者和投资者之间的沟通。在监管功能方面，它在发挥媒体和监管机构的监管作用。所以，上市公司可以利用逐渐成熟的网络信息技术，进行网络披露，既可以降低信息使用者查找相关信息的费用，又可以进一步提高对信息的综合使用价值。例如，许多外国公司在企业网站上设置了相关信息搜索功能。外部用户可以依靠希望获取的信息对企业网站进行查找以降低信息取得成本。此外，他们还设立了留言板，在保护特殊商业秘密的前提下，帮助企业根据用户需要为用户提供所需信息。

　　此外，上市公司还可以通过其他私人渠道向信息使用者收集所需信息，如在互联网网站上进行访问调查、设计问卷调查、召开会议讨论或打电话等，并对信息进行分类整理，以实现更好地满足投资者的需要，为信息用户提供平台来传递自己的声音，也为企业建立供需双方的有效沟通打下基础。

3.3　知识经济对传统会计体系的冲击

　　20 世纪下半叶，科学技术发展速度和规模都是空前的。科学技术的发展已经渗入社会发展的所有环节。进入 21 世纪，基于微电子技术来应用计算机网络和通信技术的信息技术的发展已经转变了以往的工业生产模式，经济增长方式产生了前所未有的变化，这种变化是：经济增长以生产、传播和运用知识为动力，从而产生"知识经济"。"知识经济"又名为"新经济"，主要代表的是数字经济或网络经济。

3.3.1　传统会计的局限性

　　随着全球高新技术的革命和进步，各国的经济发展已经从自然资源的竞争、资本资源的竞争转化成人才资源的竞争。从某种意义上说，人才资源的挖掘、利用与管理即将是影响社会经济发展的最重要要素。会计信息组成的系统要提供人才资源价值、成本、使用效果等情况的信息。但是，传统会计受限于提供涉及人力资源的信息。

3.3.1.1　会计环境对会计的影响

　　一般来说，会计环境是指与会计的产生和发展密切相关的客观历史条件和特殊情况，决定着会计思想、会计理论、会计组织、会计准则和会计工作的水平高低。在知识经济条件下，经济发展方式不同于以往的经济发展方式，科技作为经济发展的因素对经济的作用效果也不同。上述会计环境划分存在缺陷，原因是会计环境划分时间较早，没有考虑目前科技因素的作用。

　　查特菲尔德在《会计思想史》一书的开头写道："在一定条件下，人类思想的进步能够指引社会的发展。同样，社会的发展也能够指引人类思想的进步。因此，人的思想观念与生存环境有着显著的关系。通过考察这种关系的演变，我们不难察觉，会计的发展是被动的。也就是说，会计的发展主要是为了反映一定时期的业务需要，与经济发展有紧密联系。"会计与周边环境是相互作用的。吴水鹏教授将会计环境分为内部环境与外部环境两部分。他认为，前者指的是会计管理方式、会计人员素质、会计人员文化价值、会计工作方法和途径、会计发展等会计体系内部构成要素的客观条件。后者是指既存在于会计系统之外又作用于会计信息系统的经济因素、政治因素、文化教育因素和科技因素。这种会计环境的分类比较合理，考虑到了影响会计核算的大部分因素，其中科技因素作为关键因素可单独列为影响会计环境的因素。本书相信这是极其重要与合理的。谢诗芬教授认为，科学技术是影响会计环境的首要因素。在此基础上，他认为会计信息化将加速 21 世纪会计革命的到来。

在会计环境、财务会计概念体系和会计准则之间存在什么关系？它们相互之间又是如何相互作用的？谢诗芬教授以此进行研究，指出我国会计准则体系的理论框架需要涉及两个部分：财务会计概念体系和准则—环境理论。财务会计的概念体系侧重于往逻辑性方面说明应作出何种概念性的公告，以实现引导会计准则制定的目的。准则—环境理论以环境作为切入点探讨其对准则理论框架的作用。然而，会计环境持续改变着，所以"我们需要建立一个相对超越当前环境因素的财务会计概念体系。它可能与现行做法或标准不同，但可以成为评价现行做法和标准以及指导未来做法和标准的基石和方针。但是准则—环境理论恰恰反过来。以标准与环境相互作用作为出发点，总结国内在特定时期制定与完善相关标准应遵循的原则、步骤和途径。会计环境直接作用于会计准则，这涉及准则—环境理论的知识。会计环境也对改变财务会计的概念体系起作用。"原因是会计环境对以财务会计概念体系为基础的会计目标起作用。

会计环境对财务会计概念体系的影响在进程、领域与时期上都区别于会计准则。更准确地说，会计环境对会计准则的影响更显著、更频繁、周期更短，会计准则对环境的反应也是巨大的、显著的，时间间隔不长，但会计环境对财务会计概念体系的影响并不显著和频繁，时间间隔较长，财务会计的概念体系基本上不直接作用于会计环境，而是凭借会计准则间接作用于环境。这就是会计准则时常发生变化，但财务会计概念体系充当理论基础却相对来说如此稳定的原因所在。

3.3.1.2 知识经济对传统会计的冲击

知识经济不断冲击着传统会计。在知识经济社会中，科学技术现已在环境因素中稳居第一，其对会计的影响程度更甚从前。知识经济作为当今的经济形式，根据其对会计的不同影响渠道，我们可把其对会计理论的作用效果分为直接影响与间接影响。直接影响来自新技术产生后对会计可以运用的技术手段发生影响。间接影响来自技术的发展改革了以往的经济模式。会计的发展是被动的，经济发展模式影响会计理论的发展。从这一层面看，知识经济对会计理论产生间接影响。例如，会计计量在以往的经济模式下是一种基于历史成本的计量模式。资产以历史成本的价值录入会计系统后，后续计量活动较少，没有继续此"转换过程"，甚至有的资产根本不进行计量，即不进行"转换"。由于传统的经济模式中大多数资产的价值变动不剧烈，部分资产没有进行计量或后续计量，对会计信息的有用性作用不明显。然而，在知识经济时代，除了持续创新的金融工具，在企业价值创造活动中起关键作用的无形资产和人力资本等要素需要加以衡量和持续的后续计量，这是传统经济无法做到的，传统经济中人力资本会计的缺点相对于知识经济时代是很明显的。

（1）将对人力资源的投资成本归结为管理费用，算入当期损益。事实上，这些人力资源成本的受益期远远大于单个会计期间，所以这些成本归结为资本性支出，需要在以后各个会计期间进行合理摊销；在传统的财务会计中，企业对人力资源的投资作为当期费用，将人力资源支出费用化，不可避免地低估了当前会计期间的利润，形成虚假利润，进而产生误导决策的影响。

（2）未上报关于人力资源价值的信息。目前多数企业之间已经达成共识，员工是企业最有价值的财富，传统会计对这一"财富"的价值组成和变化，以及如何提供这一"财富"报告，都没有做过任何研究，它只报告企业的物质资源，使报表使用者无法获得关于企业财务情况与经营成果的有效信息。

（3）未上报人力资源成本费用信息。传统会计将人力资源支出处理为期间费用或制造费用，人力资源投资、人力资源变动和人力资源投资效果的信息不单独反映和报告，这使企业内部人力资源的管理和控制无法满足需要。

目前，市场的企业组织与经济权利受资本影响。换句话说，当前是按照基于资本的企业组织与企业制度来形成会计基本原理和核算方法。"资产＝所有者权益＋负债"这一会计平衡等式清晰地反映了以投资者为核心的会计观。无法跟上变幻莫测的环境是当前会计理论的弊端。会计人员的使命是提供管理决策方面的有效信息，但对于人力资源管理，仅仅提供决策信息却无法满足其需求。企业管理的重中之重是人力资源的产生、运用和发展。为了完善人力资源会计工作，现行会计在此形势下进行持续完善和革新是势在必行的。面对经济日益繁荣与市场需求的改变，著名会计学者润达五先生谈到，社会渴望大量高素质的知识型人才。人力资源会计计量的准确性将是会计领域研究的新问题。

3.3.2 知识经济对会计理论的影响

在知识经济社会中，科学技术现已在环境因素中稳居第一，其对会计的影响程度更甚从前。知识经济作为当今的经济形式，根据其对会计的不同影响渠道，我们可把其对会计理论的作用效果分为直接影响与间接影响。直接影响来自新技术产生后对会计可以运用的技术手段发生影响。间接影响来自技术的发展改革了以往的经济模式。会计的发展是被动的，经济发展模式影响会计理论的发展。从这一层面看，知识经济对会计理论产生间接影响。

会计程序总共分为如下四步：确认、计量、记录和报告。知识经济对会计理论的作用范围涵盖了上述四个过程，如图 3-1 所示。为了便于写作，本节讨论了知识经济对会计基本假设、会计确认和会计计量的作用。

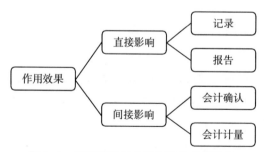

图 3-1　知识经济对会计理论的作用效果

3.3.2.1　对会计基本假设的冲击

会计主体、持续经营、会计阶段和货币计量是传统的四个基本会计假设，是根据工业经济时代的环境特点对经济事项和会计现象的合理推断。但是，知识经济时代改变了会计所处的环境。

（1）关于会计主体方面的假设需要增添新知识。随着计算机通信技术的蓬勃发展，企业的固有边界开始淡化，涌现出许多虚拟企业，虚拟企业最重要的资产是人力资源与知识产权，我国目前对会计主体的假设并不全面，只包括实体主体，但还要增添虚拟主体，因此传统组织的定义必须加以修正。

（2）持续经营与会计期间这两个会计假设也会受到影响。知识经济时代的虚拟企业具有经营周期短、多变的特点，因此持续经营这一假设可能不再合适；同一个道理，分期的假设可能也不合适，达不到会计信息使用者的及时性需求，在知识经济社会，会计信息依靠网络平台实时被报告将变成现实。

（3）货币计量这一个假设也受到诸多问题影响。会计通过准确的数据反映企业的经营成果和财务状况，唯有货币最合适用于衡量价值，因此货币计量假设不可或缺；然而，知识经济与传统经济相比，经济事项更加复杂却也更加重要，没办法对人力资源做到准确的货币计量，单靠货币计量没办法做到全面精准地反映其经济本质，非货币计量在知识经济社会应丰富会计计量的内容，甚至对会计计量和报告发挥重要作用。

3.3.2.2 对会计确认的冲击

会计确认是判断一个项目是否有资格录入会计信息系统的一道程序。所以，会计确认需要有明确性、可靠性、相关性和可计量性等严格的要求。因此，在实际操作中，我们不得不将许多只符合其中一个或几个标准但对用户有用的项目排除在会计系统之外，从而降低了会计信息的有用性。在传统经济中，这种信息可能不是很重要，所以虽然不进入会计系统，但还能满足信息用户的需求。但是，在知识经济时代，如果一些资产不能得到确认，将对企业财务信息的真实性产生剧烈影响。例如，人力资本和无形资产将变成企业所拥有的财富的主要引擎。如何在会计中体现它们将是知识经济社会会计研究的重要领域。

3.3.2.3 对会计计量的冲击

会计可直接计量也可间接计量。直接计量或者主要计量是实际度量具体的对象或属性。间接度量或者次要度量通过代数由直接度量转换而来，即在一组数字中分配某些对象或属性的直接度量。这些对象或属性是间接测量的内部对象。会计计量中的大多数计量是由某些转换而形成的间接计量。此转换是将测量对象转换为一定的价值。转换程度导致了直接测量和间接测量间存在显著区别，这被认为是测量误差的主要元凶。因此，测量误差可能由以下原因引起。原值的主要量化数字是什么？转换过程如何？正是这种"转换过程"，使知识经济对会计计量产生了深远的影响。

传统经济模式中，会计计量是一种基于历史成本的计量模式。资产以历史成本录入会计系统后，几乎没有后续计量的过程，不再进行这一"转换过程"，或者有的资产根本不发生计量，即不发生"转换"。在面临传统的经济模式时，大多数资产的价值变动不明显，部分资产没有进行计量或后续计量，对会计信息是否有用影响程度不深。然而，在面临知识经济的环境时，除了持续创新的金融工具，在企业价值创造活动中起关键作用的无形资产和人力资本等要素需要加以衡量和持续的后续计量。

3.3.2.4 公允价值成为必然选择

公允价值是指熟悉情况的各方在公平交易原则上自愿交换资产或清偿债务的金额，展望公允价值的发展历史，它逐步进入会计核算阶段。在会计发展的初期，由于经济环境的微小变化和会计理论仍未成熟，会计计量主要以历史成本为基础。然而，在经济发展进程中，以历史成本计量的单一方法无法迎合经济决策的要求，会计界受到了各界的抨击。曾经麦克尼尔就犀利地指出，会计师被认为对涉及金钱或价值的经济理论知之甚少。他不认为也不被认为是法律上的"鉴定人"。因此，会计数据仅是一种记录者数字。这种抨击算得上非常激烈，但它警告会计界：如果按照历史成本方法持续计量下去，会计人员将承担"记录者"角色，这将是一件令人悲哀的事。

若要提高财务信息中有效信息的含量，重点在于提高信息之间的相关性。以往的财务报告是以历史成本计量信息的，虽然具备可靠性，但无法达到相关性这一标准。为达到相关性要求，财务报告补充了注释与披露，能够改善财务信息的决策效果，这种思想就属于信息观。然而，补充披露只能勉强算是一种补救渠道。存在于附注和披露的信息无须受到相对严格的审计环节，这是非常随意的。所披露的和未披露的也是非常主观的。为解决这些问题，计量观产生于会计研究活动中。计量观是指会计人员承认会计人员有额外的责任在财务报表中反映当前价值或公允价值，以此希望能够提高财务报告的决策效果。

为何将公允价值计量看作会计计量的大趋势？这是由会计这门学科的特性所决定的。会计同时具备科学性和社会性。社会性是指会计既要服务于整个社会，又要被所处的整个社会经济环境大格局影响。因为传统经济形式中环境的微小改变，将历史成本计量方式作为主要的模式，其获取到的财务信息大体能够达到信息相关者的要求，主观层面可以满足用户需求。在知识经济时代，会计环境的剧烈变化导致原本许多在传统经济中不重要的事情显得日益关键，如无形资产与人力资源。但是以历史成本计量的方式逐渐无法满足信息相关者的要求。信息用户坚持希望能够从财务信息中了解事物的真实情况，因此公允价值显得至关重要。假如人们并非如此看重财务信息，即使经济环境产生变化，以历史成本计量的方式产生的信息依然可以被"容忍"，又或者经济环境没有发生重大变化，历史成本计量模式还可以达到用户的要求，那么，在这两种情况下，都不会对公允价值计量产生迫切的需求。因此，会计的性质和知识经济的社会形态决定了公允价值计量的发展趋势。

3.3.2.5 会计信息化是会计革命的催化剂

信息技术是知识经济时代发展的引擎，其对会计的表面甚至深入到全部会计理论体系都有着巨大的影响。会计信息化将加速 21 世纪会计革命的到来。会计信息化是借助计算机、网络、通信等现代信息技术手段来改造传统会计模式的过程。在对现代会计模式进行改造后，通过深化会计信息资源的挖掘和充分利用，为完善会计信息在优化资源配置、促进经济向前发展中的作用，建立了技术与会计高程度集成的开放式系统。前文讨论了会计环境对会计的影响。科学技术是知识经济时代会计环境的首要要素。最具代表性的就是以计算机通信技术为首的信息技术。会计全面综合地受到来自信息技术的影响。

会计的重难点在于计量，计量是会计必经的环节。这导致许多会计问题仅止步于理论层面，如人力资本和无形资产的计量。技术手段是测量的一大问题之一。信息技术时代的发展推动了会计技术手段的变革。现代信息社会的网络把世界变成了一个"地球村"，人们获取信息的途径得以扩充。这样才能更准确地评价知识经济下的无形财富，解决会计计量的难题。同时，传统的底数报告模式在信息技术的发展下也被改变，促使会计途径的挑选具备可能。所以，持续的会计信息化为会计领域迎来一场伟大的变革。

3.3.3 对传统会计假设的重新认识

会计基本假设是受到会计的经济、政治和社会环境影响的基本概念，是关于财务会计存在和运行前提的假设。财务会计中一些基本的概念、性质和程序都需要假设，这些假设受企业内外部经济环境影响。著名经济学家科斯在他的诺贝尔经济学奖获奖论文《企业的本质》中谈到，"经济理论在过去并没有清楚地阐明它们的假设"。当经济学家建立一个新的理论时，他们往往忽略了检验理论建立的基础。

会计源于现实世界。其外部经济环境涉及整个市场，而内部环境则是企业。会计假设事实上是对所处的会计环境做出合理判断，是整个会计理论体系构成的基础。会计理论从古至今发展的过程中，会计假设是一切会计工作的基础。缺乏这些基础，无法进行后续的会计工作。会计主体、持续经营、会计阶段和货币计量是传统的四个基本会计假设，是根据工业经济时代的环境特点对经济事项和会计现象的合理推断。但是，知识经济时代改变了会计所处的环境。

3.3.3.1　会计主体假设

关于会计主体方面的假设需要增添新知识。随着计算机通信技术的蓬勃发展，企业与其所处环境的关系改变，企业的固有边界开始淡化，涌现出许多虚拟企业。按照工作要求，它可以通过网络连接数万个人共同工作，工作一结束就解散。虚拟企业最重要的资产是人力资源与知识产权而非物质资产。显然，我国目前对会计主体的假设并不全面，只包括实体主体，但还要增添虚拟主体。虚拟企业的产生表现为企业组织在通信技术发展时的"合法"边界逐渐消除，因此传统组织的定义必须加以修正。

会计主体限定了会计人员日常负责的业务内容。会计人员提供某一业务活动的信息是通过对其进行核算。围绕会计主体参与的经济活动进行会计工作，既要严格区分特定主体的经济活动与其他特定主体的经济活动，又要区分清楚特定主体的经济活动与所有者的经济活动。劳动者是现实的人力资源，如果劳动者受到企业的聘请，成功进入组织参与劳动，成为企业人力资源的一部分，企业就有权对人力资源进行使用与处置。此时，人力资源就变成企业的资产。企业必须通过核算人力资产来满足企业内外部人员对企业人力资产变动情况的需求和监督的需求，从这个角度能够看出企业是人力资源会计的主体。

3.3.3.2　对持续经营假设的重新认识

持续经营与会计分期这两个会计假设也受到一定程度的影响。持续经营假设的内容是：企业的经营活动在可预见的未来将持续按照事先规定的经营原则与经营目标进行，不会出现破产清算的局面。知识经济时代的虚拟企业经营周期较短且经营情况多变，因此连续经营这一会计假设有可能不再合适。同理，会计分期这一假设也可能不合适，因为会计分期的目的是获取定期财务报告。

在市场竞争日益激烈与经济的快速变化的时代，定期提供财务报告可能达不到会计信息使用者的及时性需求。因此，在知识经济社会，会计信息依靠网络平台实时被报告将变成现实。然而，人力资本是一种区别于其他资产的特殊资产，人力资源会计在了解与学习持续经营假设时，需要思考有关企业持有的人力资源在较长时间内适应企业经营需要的措施。企业与员工需要有这样的共识：他们的利益皆是来自对劳动者这一人力资源的不断运用上。

3.3.3.3 会计分期假设

会计期间在时间上划定了会计工作的范围。会计分期，是在企业持续经营的条件下，为更方便、合理地确定每一会计期间的收入、成本和损益，为准确了解资产、负债和所有者权益数额，将连续时间划分为相等间隔的期间的行为，并据此进行后续的计量和反映工作。会计分期详细划分各会计期间内关于人力资源的投资情况，了解此期间有关人力资源方面的资产与权益的变动有助于人力支出详细划分成收益性与资本性两个层面。会计分期创造了恰当的时间范围来帮助人力资源会计报告的完成，帮助信息使用者能够对企业的人力资源会计信息进行正确的解读与评价。

3.3.3.4 货币计量和非货币计量假设

货币计量这一个假设也受到诸多问题影响。会计通过准确的数据反映企业的经营成果和财务状况。为了反映价值，唯有货币最合适用于衡量价值，因此货币计量假设不可或缺。然而，知识经济与传统经济相比，经济事项更加复杂却也更加重要。但是，由于受到计量方法的影响，没办法做到准确的货币计量，人力资源对处于知识经济社会的企业发展起着举足轻重的作用。然而，单靠货币计量没办法做到全面精准地反映其经济本质。因此，非货币计量在知识经济社会应丰富会计计量的内容，甚至对会计计量和报告发挥重要作用。

货币计量的意思是，在借助会计工作展现经营活动的过程中，价值的衡量单位是货币。人力资源本身的能动性、责任感、人际情况、学习能力等特征导致人力资源价值无法全部用货币单位进行衡量。这要求将以往会计工作的货币计量假设进行拓展，定性会计信息必须采用非货币计量方法，所以货币计量假设和非货币计量假设的划分是现实结果。

3.3.4 改革传统会计报告模式的必要性

企业会计报告模式落后的根本原因在于其本身固有的弊端，因此调整会计报告模式成为现实会计工作的必要。国内企业会计报告模式受到国际综合报告委员会的综合报告的巨大影响，改革传统会计报告模式已经势不可当。

改进企业会计报告模式优化了企业内外部资本的配置，又提高报告满足信息用户需求的能力。会计报告的设计内容之所以全面简要，是融合了各种会计报告模式的内容，全面包括通用报告、专题报告和整合报告，这加深了受托责任的作用效果，尤其是对包括劳动者和无形资产在内的广义资本的效果；也强调信息的充分和可比以及资本间的关联，尽可能全面披露生产经营中严重影响价值创造能力的信息，增强对信息用户的信息供给质量，激发企业在综合报告中披露的积极性，主要是针对财务状况、外部环境、战略规划和综合治理的措施如何为企业开辟源源不断的价值进行披露，这能促进企业与主要利益相关者的沟通，使其重视企业的价值及其创造过程，促进经济的可持续发展平稳快速进行。

3.3.4.1 可持续发展理念的不断渗透

可持续发展理论作为一个先行理论，开辟出该领域的道路，奠定了可持续发展观的基础。可持续发展观规范企业在不违背保护环境的前提下实现计划的经济效益，其追求的是经济与自然环境在协调的基础上共同发展，保证社会秩序公平，将达成人与社会经济的和谐发展作为最终目标。随着可持续发展理念在经济发展过程中不断被倡导，企业在生产经营环节加入可持续发展的理念，这便是企业可持续发展战略形成的过程。从宏观上讲，促进全社会的和谐发展是可持续发展观的目的。从微观上讲，可持续发展观是希望企业在追求经济效益的同时还要追求社会效益。为追随可持续发展的步伐，企业作为市场经济活动的细胞，需要在其报告中披露企业经济活动关联的经济、社会、生态保护等内容。鉴于目前的会计报告未能达到这一点要求，所以可持续发展的理念没有得到有效落实。

经济环境变幻莫测，可持续发展的理念不仅贯穿在市场经济体系的每一个环节，也已被社会大众广泛接受。目前，会计报表未能充分反映企业现实的经济活动，因此也达不到信息用户的要求。综合报告的概念指明了会计报告模式的发展方向。虽然可持续发展理念引入企业能够产生许多利益，但有效整合企业的财务信息和非财务信息才能对可持续发展战略在会计报告中进行披露。因此，企业对公布的会计报告要综合整合财务信息与非财务信息。但目前的实际情况未能整合这两部分内容。为了将两者有机地结合起来，需要对目前的会计报告模式进行改进。

3.3.4.2　信息使用者对信息的需求加强

知识经济时代下企业需要面对内部信息用户和外部信息用户这两大信息用户。企业股东、各类管理者和经营者属于内部信息用户的范畴，外部信息用户主要是企业的利益相关者。不同信息用户对信息需求因人而异，他们寻找关乎切身利益的信息。

由于各类信息用户的获利方式有区别，因此他们的信息需求也多样化，这要求企业在会计报告中披露的信息内容应当有所不同。所需信息与信息需求之间存在相关性、及时性和一致性。存在只对企业披露的财务信息感兴趣的信息使用者，但大多数信息使用者不限于此，他们更重视企业的非财务信息。在工业经济社会，大家对企业真实情况的了解主要依靠财务信息；但知识经济时代的信息使用者不仅限于财务信息，同时也强调非财务信息的收集，类似于社会责任信息、公司背景信息、前景预测信息等。信息需求由定量信息和定性信息组成，其中定性信息由准确描述的信息和模糊不确定的信息组成。现行的会计报告模式重点在于对企业日常经营活动进行信息披露，并倾向于反馈控制。它仍然无法满足信息用户在经济过程中和之前进行控制的需求。经济发展速度的提高扩大了信息的需求范围，企业历史与未来两方面的信息皆被要求披露。改革现行的会计报告模式是帮助信息用户正确有效决策的关键。

3.3.4.3　综合报告带来的冲击

综合报告也叫整合报告。完整简洁的综合报告关注信息的相关性，也存在及时性和可比性，贯彻落实可持续发展理念的同时也帮助信息使用者认识企业的真实经营情况。综合报告中的信息不仅仅可分为财务信息和非财务信息，也可从是否可确定、是否可定量、时间范围、对象主体进行划分。无论信息按何种标准进行分类，它们只有完整和简明才能促进各类利益相关者快速全面地了解企业。尽管企业的信息用户和各类信息用户的需求不尽相同，但是全面的报告仍然可以为利益相关者提供完整、简明的信息。

3.3.5 改进企业会计报告模式面临的挑战

在知识经济时代，改进企业会计报告模式面临着许多的挑战。

首先，非财务信息的收集与计量难度较大。在企业会计报告模式改进后，企业在会计报告中披露的信息包括财务信息和非财务信息。非财务信息涉及的范围很广，比如企业的内外部环境、社会责任、内部公司治理等方面的内容。再者，不同信息使用者之间的信息需求具有差异性。为了一一迎合信息使用者的信息需要，必然会扩大企业非财务信息收集范围，合适的非财务信息的筛选工作难度增大。同时，非财务信息具有各种各样的表达方式，急需统一标准的量化指标。因此，企业文化、员工素质、相关利益相关者之间的关系等都存在着测量上的困难。到目前为止，这些软资产信息缺乏量化标准。

其次，编制难度大，成本高。会计报告改进后并非只是将财务信息和非财务信息进行单纯汇总，而是采用系统的方法消除重复信息，达到财务信息和非财务信息整合的目的。在这一过程中，各种信息的收集、分析、测量、处理与合成都是非常困难的。目前，还没有很好的措施来解决非财务信息的计量问题，这使编制者很难确定如何编制非财务信息。改进后的会计报告需要包含非财务信息，但非财务信息涉及面广。因此，企业不仅需要财务部门，还要依靠其他部门的配合，比如销售部门、人力资源部门、行政管理部门等，多部门参与既增加了编制会计报表的员工人数，而且耗费了大量的时间和精力。此外，各种各样信息的获取、处理和整合都增加了企业的编制成本。

再次，报告形式缺乏统一认可的标准。引入可持续发展理念对企业内部治理过程具有不可撼动的影响。由此带来的非财务信息在内容和形式上的逐渐扩展，其可运用的范围也慢慢受到关注。非财务报告的编制没有标准，有多种形式。缺乏标准的非财务报告存在的缺陷包括：一是非财务报告披露信息的可靠性不具说服力；二是披露信息内容存在冗长，提高了企业的编制费用。它增加了用户在寻求对自身有用信息时的阅读量。针对上市公司披露的非财务报告，非财务信息的披露并非基于重要性原则，其内容只是对非财务信息的定性描述，缺乏定量分析，如果有定量分析，也缺乏某种规范。例如，在采用碳排放权计量模式时，同意在初始计量阶段采用公允价值计量模式，但在后续计量过程中，应根据企业自身情况确定公允价值计量模式，企业缺乏标准来限制计量模式的选择。如果企业在披露非财务报告时不能将定性分析与定量分析相结合，就会对企业的成本效益分析产生影响。

最后，外部的审计难度加大。与财务信息相比，计量非财务信息的公允性、真实性和可靠性仍旧困难，也缺乏与之相关的审计准则。会计报告改进带给审计的困难主要在如下两个方面得到反映：一是非财务信息受主观因素影响较多，审计人员缺乏对会计报告披露的社会责任信息的认识，这就增加了审计的难度，需要对审计人员职业能力的培养。这一点大型会计师事务所可能做到，但对中小型会计师事务所来说难度较大。二是审计机构风险加大，改进后的会计报告将涉及广泛领域，这会导致审计风险提高，因此审计机构需要承担的责任也增大。

3.4　知识经济对现有财务报告的冲击

知识经济为我国经济社会发展带来了更多的生命力，也带来了更好的机遇。知识经济的蓬勃发展有助于优化经济现有结构，合理配置资源，减少环境污染，促进协调可持续发展，提高人口素质，解决贫困，有助于国家创新体系在新时代的建设。通过营造全方位的和谐环境，推动创新在知识、技术和制度方面的实现，全面提高经济活动中的创新意识和创新能力，实现创新发展战略的全面推进。

3.4.1　知识经济对财务报告假设的冲击

3.4.1.1　会计主体假设

会计主体假设对会计核算与报告的空间做出范围限定。在工业经济社会，单个企业是一个有形的实体，有着明显的界限。但是在知识经济社会，"网络公司""远程、多主体在线合作"等虚拟企业的出现，使企业的边界逐渐模糊。

一方面，在网络经济条件下，作为会计主体的企业外延在不断变化，存在"虚拟"和"真实"两个空间。一个是真正的"物理空间"，就是传统的空间意义；另一个是虚拟的"媒体空间"，各种在线实体都位于其中。在线实体利用网络协同工作，根据业务需求自由构建和组合。它是一个没有固定形式和空间范围的临时联盟体。它根据知识和有知识的人来操作，是一种非常灵活的方式。另一方面，针对许多上市公司存在许多子公司，旗下每个子公司也存在许多合资企业、关联企业和联营企业。这些企业的松散联盟可以在很短的时间内，通过兼并等方式，将密切相关的业务分割开来，通过整合重组形成一体化公司的形式。同时，联盟成员公司可以根据市场环境或业务发展持续调整，解散或重建。

在知识经济社会，通信技术快速发展，知识在经济发展中日益重要，会计主体在"媒介空间"中的比重越来越大。企业会计主体的变化频繁，企业外延越来越难以界定。这种扩散现象使会计主体所依赖的空间更加不可预测。如何对不确定会计主体进行有效的计量和评估，最大限度地降低风险，是现有会计主体假设面临的难题。

3.4.1.2　持续经营假设

持续经营假设是指企业在可预见的未来继续经营，不发生清算或破产的会计假设。在知识经济社会中，剧烈变化的经济环境增加了企业营业风险，网络发展增强了企业的虚拟性。这些都给会计主体的持续经营带来了风险。

一方面，会计主体所处的经营环境竞争日益激烈、风险日益加大，企业随时可能在此环境中出现清算和终止。企业持续经营中的不确定性是一个普遍存在的问题。据统计，1985 年，SEC 管辖的 1000 家上市公司的年报中，有 10% 的年报因持续存在的经营问题被出具了保留审计意见。一些英国公司在收到无保留意见的审计报告后几周内倒闭，投资者无法事先从财务报告中获取暗示信息。另一方面，会计主体具有很大的灵活性，其存在期限存在很大的不确定性。根据业务活动的需要，可以随时建立"虚拟公司"。当业务活动结束或业务需要调整时，"虚拟公司"也能够随时随地终止。企业具有强烈的发展欲望，往往通过并购来谋求自身的强大，这是一种高效的方式。

持续经营这一假设在此情况下存在很大的问题。在现有的会计实务中，非持续经营应采用清算会计，并且需要提供清算报告。在知识经济社会，如何迅速提供表现持续经营状况的财务报告是一个亟待解决的问题。

3.4.1.3　会计分期假设与权责发生制原则、配比原则

会计分期假设是指人为地将会计主体的持续经营过程按一定的时间间隔划分为会计期间，以便会计主体向会计信息需求者及时提供其财务状况和经营成果的信息。这主要是因为会计信息技术有限，系统运行产生信息的时间相对较长。因此，必须划分会计期间，保证报告的提供具有连续性和时间上的规律性。知识经

济时代，以此为基础建立的权责发生制和匹配原则受到了怀疑。

（1）会计分期的现实意义备受怀疑。依靠计算机网络能够在顷刻之内完成交易，虚拟企业完成交易可立即解散，其存在的时间是未知的，人为地进行期间分割不仅非常困难而且毫无实际意义，依靠发展通信技术可以及时处理和随时提供报告，是否应该划分会计期间成为争论的焦点；而且会计期间的定期财务报告妨碍信息用户马上获取所需信息，不利于管理层和利益相关者及时决策。

（2）会计期间假设下的权责发生制也受到质疑。为了区分责任和绩效，应凭此建立权责发生制与匹配原则，由于知识经济环境千变万化，固定资产折旧加速，无形资产摊销期也无法预测，随时可能发生意想不到的损益，这使主观估计与客观现实的矛盾逐渐变大，并成为信息失真的制度性原因；知识经济时代现金流动速度骤增，信息使用者对信息的关注已经从过去转向了未来，现金流量信息与企业未来经济活动的相关性更强，因此许多学者更看重收付实现制。

3.4.1.4　货币计量假设

货币计量假设下面存在两个附加假设：一是本币（唯一性）；二是货币价格稳定（一致性）。虽然会计数据不单单只有货币单位，但目前财务报告里的财务信息主要以货币单位来进行计量。在知识经济条件下，货币计量需要加强和丰富。

一方面，"媒介空间"的无限扩张加速了国际资本流动，资本决策的瞬间性放大了会计主体面对的货币风险，影响了货币价值不变这一假设。最近的东南亚金融危机降低了某些国家的货币价值，此现象充分证实了这一点。但是倚靠互联网突破时空的束缚来进行跨境金融工具交易与不同货币之间的交易，这些业务活动此时在交易上毫无困难。特别是随着"网上银行"的崛起和"电子货币"的产生，货币已经发展为一个真正的概念产品。所以针对货币计量假设面临的挑战，进一步的研究需要放在会计主体进行高效风险价值管理所需的措施上。

另一方面，科学知识在知识经济社会中作为一个独立的关键要点被投入到企业生产经营的各个环节。具备知识要素的个体劳动者对企业的经营和发展具有越来越重要的影响。企业需要对人力资源进行会计确认和计量。但是现实的难题是确认和计量很难用货币进行。现行的货币确认和计量制度在知识经济时代缺乏说服力，亟须丰富。

3.4.2 知识经济对财务报告质量特性的冲击

相关性和可靠性作为会计信息的质量特征，具备同样的重要地位。长期以来，信息用户和信息提供者共同认为，有用的信息应该同时具备可靠和相关两个条件。然而，相关性和可靠性并不是同时增强或同时减少会计信息的有用性，但它们必须在信息有用性原则下尽可能地统一起来。如果信息相关性缺乏可靠性，那么相关性会减弱甚至消失，从而误导用户。如果信息具备可靠性，但同用户的需求毫不相关，就失去了可靠性的效用。知识经济环境对财务报告的可靠性与相关性都有极大的冲击，而对相关性的冲击更大一些。

3.4.2.1 对相关性的冲击

相关性内容包括及时性、可预测性与反馈性。知识经济环境中，经济环境变化迅速，对财务报告的反馈性、及时性与可预测性提出了更高的要求，对现有的财务报告产生巨大的冲击。

第一，及时性。现有的财务报告根据持续经营和会计分期假设，一般是按月、按年编制的。这种报告在经济生活比较稳定的情况下是对决策有用的；但在知识经济条件下，产品生命周期缩短，衍生金融工具不断涌现，经营活动不确定性日益显著。而财务报告仍需等到一个会计期间终结后，再对经营过程中的财务数据进行整理，出具财务报告，这样，会计信息的滞后性已十分明显，这种会计信息无助于决策甚至对决策有害。比如英国发生的巴林银行事件，巴林银行在1994年末报告的资产净值在4.5亿~5亿英镑，但该银行在1995年2月末就倒闭了，但是那时巴林银行的年度财务报告还没有完成。

第二，可预测性。从预测的角度说，时间越近、越全面的历史越能反映未来的情况。现有的财务报告立足于过去的交易与事项，结果造成信息主要是面向过去的历史信息，而使用者的决策是面向未来的。工业经济环境由于经营情况较稳定，信息传输速度较慢，信息使用者可以大致准确地根据定期报告预测企业下一年甚至今后几年的业绩，尚不会处于竞争劣势。但是知识经济下的信息技术高度发达，竞争日益加剧，过时的历史信息，对使用者进行预测分析的用处显著减小甚至造成很大的误导。信息使用者需要能迅速提供即时的会计信息的财务报告体系以利于及时决策。另外，现有财务报告侧重反映财务信息，而要对预测企业未来的发展做出预测，单靠过去的财务信息是远远不够的。

第三，反馈性。知识经济的无形化、金融化及智力化等特征，使在工业经济时代不是十分重要的会计问题，如人力资源情况、衍生金融工具情况等，在知识经济环境中的普遍存在而成为主要的会计问题。会计信息需求者需要用这些信息来分析企业的未来获利情况。现有财务报告体系由于计量与确认的问题，对这些问题的反映趋于抽象，无法达到信息使用者的反馈要求。此外，目前的财务报告的受众对象为所有使用者，是一种通用的财务报告。它仅对信息用户反映综合的、归纳的信息，其相关性是相对的。

3.4.2.2 对可靠性的冲击

可靠指信息的充分、公允、真实披露。事实上，理论界对真实可靠的含义仍在争论。真实是指历史的还是现实的？它是指客观的还是可以检验的？是指绝对的还是指相对的？对这些看法不一样当然会导致对会计信息真实性的不同要求。本书赞同可靠性指反映现时企业真实情况的基础上，尽量注意可核性。

财务会计是以历史成本作为计量基础的，尽管近年来增加了诸如存货计价等方面的非历史信息，但财务报告总体上仍是描述过去的信息。这种历史的真实性在很多情况下不是现实的真实。坚持者一直认为以历史成本计量的会计信息的可核性，保证了信息的可靠性；但即使历史成本为基础的会计处理中，也允许会计人员进行必要的估计与判断，可靠性也是相对的，况且在知识经济条件下，尽管再可核的信息，若无法反映企业的现实情况，对会计信息使用者来说都是无用的。

从充分性来说，知识经济下最重要的一些要素未能得到确认，更谈不上计量与报告。现有财务报告只是将侧重点放在硬性资产上，但是未反映一些软性资产诸如人力资源等知识型资产。然而，正是这些软性资产成为促使企业利润快速增长的最关键因素。同样也是这些因素决定了知识经济社会中企业经营的最终价值。比如微软这一企业。根据1997年美国《商业周刊》的数据，微软市值为1485.9亿美元，以第五名的成绩位于全球1000家大企业之中。它可以称为一个强大的大企业。但是微软公司资产负债表中呈现的总资产仅为143.87亿美元。根据整理的数据，微软压根没有资格进入大公司的行列，因为它只占美国资产最高的范尼·梅公司总资产的1/25。无独有偶，其损益表中体现的1996年的净利润为23.9亿美元，仅为全球利润最高的壳牌公司的1/4。

显然，一家世界共同认同的大型企业的财务报告并不能呈现出其应有的能力与规模。微软最大的财富在于大量的高素质人才，这些人力资源无法被以往的会计确认为资产。人力资源支出一概计入当期费用，这便是微软的资产和利润被低估的原因。现有财务报告无法全面反映企业的财务状况及其内在原因，其可靠性大打折扣。

3.4.3 知识经济对会计报表要素的冲击

知识经济对会计报表要素的冲击是必然的，具体冲击范围很广，内容如下：

3.4.3.1 要素范围的扩大

现有的会计报表要素主要适应于工业经济时代，知识经济作为一种与工业经济完全不同的经济形态，使许多原来不重要的经济要素变得重要起来，而作为企业经营反映的财务报告也迫切需要对此进行披露。会计报表的要素范围扩大也成为一种必然。

第一，资本概念的拓展。目前会计理论是基于实体资本（包括货币资本）和实物资本，但是不承认智力资本。这种资本制度存在如下基本特征：①实体资本是经济发展的根本因素和主要引擎；②实体资本是社会经济力量的核心。目前基本经济制度是资本雇佣劳动制度；公司治理中以实体资本为中心，也就是说，实体资本的投资主体承担经营过程中的风险，却也享有盈余（利润）的掌控权与索要权，所有目前会计主要服务于实体资本的投资主体，从真实资本的投资者与债权人的角度有效记载企业的经济活动，呈现企业真实资本的流动状况，协助投资主体与债权人进行风险方面的决策和业务活动的监控。

但在知识经济时代，知识作为促进经济发展的最关键、最具有活力的因素，是生产过程中的核心成分，所以承载与拥有知识的人需要持有获得企业权益的权利，企业的真正价值恰恰是隐藏在资产负债表后的知识资本。正因如此，知识经济的核心是对知识资本地位的确认，不再以成本的方式来核算人力资本的投入。基于这种情况，企业不可呆板地被看作由有形资本所有者投资形成的生产和财务组织，而应该被看作智力资本和非智力资本（有形资本）之间的一种特殊的市场契约。智力资本和非智力资本的所有者共同分担企业经营风险和分享企业收益，其中智力资本的作用大于非智力资本。资产减负债的所得不再是投资者的专属权利，而是投资者、管理者、劳动者和企业不同利益相关者共同享有的权益，这就要求将人力资产纳入会计体系，进行核算、计量与披露。

第二，成本和利润含义的改变。这可同资本的概念关联起来。现有会计理论认为，利润来源于实物资本，所以是实物资本投资者的所有物。无论是高素质雇员或者是平凡的体力劳动者，都被视为受雇者。他们的回报只反映在工资成本中，工资成本作为成本录入损益表。利润只是从实际资本持有者的角度呈现他们的投资收益。知识经济时代此基础被撼动。利润来源于对资产的使用，而不是来源于资产本身。知识经济环境中劳动者的能动要素将得到最大限度的体现，利润由物质资本和知识资本一起建立，构建智力产品价值的过程中，物化劳动者在进行价值转移过程中所占比例较小，知识变成主要的利润来源。劳动者作为人力资产，享有参与收益分配的权利和掌控、索要企业盈余的权利。据了解，英特尔公司投资数亿美元用于开发奔腾芯片。如果项目研发成功，芯片的单位制造成本将不会多于一美元。显然，不可简单认为英特尔公司生产的芯片的单位利润只需要不到一美元的制造成本。事实上，智慧和劳动的结合引发利润的生成。因此，企业投资者和研发生产的劳动者之间的利润分配是不容置疑的。会计需要接受这种变化，重新界定利润的定义，界定职工工作报酬与智力资本收益的范围，并对智力资本产生的收益进行准确的确认和计量。

另外，知识经济下竞争加剧，企业环境变化频繁，实证研究表明，会计收益特别是非预期的收益信息同股票市价是相关的，潜在的会计信息用户更关注一个企业的创造有利现金流量的能力。现行的损益表根据会计分期假设，只报告当期已确认已实现的净收益，而一些已赚得，尽管在当期未实现，但很可能在下期或近期可实现（如大部分衍生金融工具）的收益或费用却无法反映。而这些信息是会计信息用户剖析企业未来生产经营过程的现金流量，是认识企业综合所得的可靠的基础。在经济金融化的知识经济条件下，应寻求一种全面反面反映企业的利得与损失的有效途径。

第三，资产负债范畴的扩展。现有财务报告仍以历史成本为基础，立足于对过去实现的交易与事项进行反映，从而使许多知识经济时代重要的经济要素在财务报告中得不到反映。如人力资产，由于是企业自身发展过程中形成的，不是交易形成，故在确认进入报表体系中产生了困难。而在知识经济时代，企业未来现金流量和市场价值的动力所在正是在现有财务报告中不曾露面的要素。人力资源可以给企业带来未来经济效益，被企业拥有及控制，符合资产定义，但都只计入成本费用，不反映这种知识经济的典型经济要素，自然是与客观环境相背离的。

又如在知识经济时代发展迅速的衍生金融工具，由于立足点不是过去发生的交易，而是未来期间合约的履行情况，故它因为无法达到当前要素水平而被排除在资产或负债项目之外。衍生金融工具被排除的真正原因是形式重于实质。衍生金融工具与传统的资产、负债相同之处在于：在未来时期的现金流入或流出是企业当前的权利或义务造成的。

第四，会计平衡等式。在"资产＝负债＋所有者（股东）权益"这一等式中，式子右边反映的仅仅是企业中的财务资本所有者权益，此等式潜在的理论基础是企业所有者货币资本至上和资本雇佣劳动的假设，但是此理论却逐渐受到知识经济及以此为背景的新的产权经济理论的挑战。

知识经济扩展了资本的范围，改变了资本结构。此时企业无法继续被看作由单纯的非人力资本投资者组成的生产经营和财务活动组织。而是人才资本与非人才资本之间的一种特殊的市场契约，如 Yahoo 公司就是典型的这种契约组织，创建者只是 4 个开发掌握网际搜索引擎的学生，利用他们的技术资源，加上风险公司的注资，创建仅仅 3 年多，其股票市场的资产已经达到 130 多亿美元，创造了30 倍于其股票上市价的奇迹。这种契约关系是对以往的资本雇佣劳动和所有者产权率的否认，会计平衡等式由于反映传统产权理论也会受到理所当然的挑战。而且，知识经济对资产与负债的范畴都有极大的挑战，所以产生于工业经济环境的会计平衡公式也需要改革。

3.4.3.2 要素确认

会计报表中项目确认是以权责发生制为主（资产负债表与损益表）的，只有现金流量表是以收付实现制为基础。以权责发生制的要素确认有许多不足，在知识经济条件下更为突出。

（1）以权责发生制为基础的要素确认在损益确认方面的不足。以权责发生制为基础确认的损益只反映经营损益，而不包括持有利得，这不仅使传统损益概念在反映企业绩效时过于狭隘，而且使损益反映不实，尤其在知识经济情况下的衍生金融工具，其价值随市场波动极大，若不反映持有利得，只反映最后交易时的损益，将不能如实反映企业损益情况；另外，这一过程中可采取的途径不计其数，导致会计人员在存货入账、成本分摊、计提折旧等方面需要运用一系列的主观预测和评判方式，形成损益核算过程中较大的随意性和信息产生后较低的可比性。

（2）基于权责发生制的要素确认在资产、负债、权益确认方面的不足。权责发生制是交易观，对交易事项之外的事项不采取任何处理和体现，这导致一些已存在的权利或义务因为属于非交易事项而在会计业务上无法确认成资产或负债。另外，就是大量的衍生金融工具也产生了确认上的问题，企业在衍生金融工具运用期间可能承受各种风险与报酬的变化，但由于没有过去的明确的市场交易行为发生，现行报表不予确认相应的权利与义务。这种立足于过去的交易事项，对未来趋势不予反映的确认方式，显然不能满足知识济条件下信息使用者对会计信息的需要。

3.4.3.3 要素计量

现行财务报告主要采用以历史成本为基础的名义货币计量模式，知识经济极大地冲击了货币计量假设，在此基础上的计量也必然受到冲击，由此产生了计量方面的不足。

（1）用名义货币计量。对使用者的决策有参考价值的经济要素难以以货币计量；若不剔除物价变动因素的影响，便不能如实反映情况；用金额表示的经济信息也会丧失其质量特性。

（2）用历史成本计量。衍生金融工具以公允价值对其进行计量才能反映其真正的价值；实时对价值进行与公允价值有关的调整也不受成本效益原则的约束；对不确定因素只能在主观估计的基础上进行计量，这已与历史成本和过去交易观相悖了。

❹
知识经济时代改革财务报告的
重点会计问题

如第 2 章所述，知识经济下财务报告的要素有所扩展。扩展的内容是多方面的，在损益表方面，主要是利得与损失的概念得到越来越多的支持。在资产负债表方面，最重要的还是知识资产与风险资产的问题，知识资产实质是人力资产，风险资产主要是金融工具特别是一些衍生金融工具。在表外信息方面，主要是风险信息与分部信息的要求增多，因此本章对上述问题进行探讨。

4.1 利得与损失的概念

直接计入所有者权益的利得和损失是会计中的一个类别。利得代表的是由企业非常规活动产生的经济利益流入，与所有者投入资本无关，会引起所有者权益有所增加。损失代表的是由企业非常规活动产生的经济利益流出，不受所有者投入资本的影响，会引起所有者权益有所减少。利得或损失由两部分构成：一是直接计入所有者权益；二是计入当期损益的营业外收入或营业外支出。利得与损失对报表有如下影响：

（1）可供出售金融资产的公允价值变动。根据新准则的要求，假如可供出售金融资产的公允价值发生增值，就会增加"其他综合收益"，借记"可供出售金融资产——公允价值变动"，贷记"其他综合收益"；否则，就减少资本公积，应作与前述相反的会计分录。

（2）权益法下被投资单位其他所有者权益的变动。倘若持股比例不变，排除净收益之后，被投资企业其他所有者权益一旦改变，企业必须以持股比例计算获得的权利或承担的义务，调整长期股权投资和"资本公积——其他资本公积"两个项目。

（3）与计入所有者权益项目相关的所得税。对于同所有者权益项目有关的递延所得税资产，在资产负债表日归入，其会计分录需要借记"递延所得税资产"，贷记"资本公积——其他资本公积"；对于同此相关的递延所得税负债，不加入所得税费用，借记"资本公积——其他资本公积"，贷记"递延所得税负债"。

（4）固定资产等转为投资性房地产时公允价值变动。需要根据新准则的要求来进行计量工作，将某些固定资产换成投资性房地产时，投资性房地产采用公允价值进行计量的，计量标准是转换日的公允价值，倘若其比原账面价值来得大，大的差额称为利得，将其添加到"其他综合收益"，算进所有者权益当中。

（5）以权益结算的股份支付而形成的费用。职工以权益结算的股份支付所发生的费用，需要根据权益工具在授予日的公允价值为标准计入成本中，相应地要增加"资本公积——其他资本公积"。

（6）利用衍生工具进行套期时。根据新准则的规定，在资产负债表日，对满足套期相关要求的现金流量套期和海外经营总投资套期形成的收益或损失，需要在会计分录上借记或贷记相关的会计科目。

4.1.1 配比法反映的收益概念的不足

现行财务报告体系中体现经营业绩的主要是损益表。损益表中包括了收入与费用的会计要素，并采用配比法来确认收益。

配比法是将收益定义为产出（收入）高于投入（费用）的额度。此种方法将收益表当作核心，其中会计工作大体可分为收益和支出两方面，资产可视为未来某一时期的收益提高或者支出降低，负债可视为未来某一时期的收益降低或者支出提高。配比法是从价值流量来反映企业的价值运动。价值的耗费小于回收即为收益：本期收入-本期费用=本期收益。采用配比法确定收益存在两方面的特征：一是强调收入在实现时需要完成确认工作；二是配比法这一方法同历史成本计量相适应。现有的作为企业财务业绩报告的损益表正是反映这样的收益。

虽然配比法一直是收益确定的主导方法，但在知识经济条件下，经营风险增大，金融衍生工具的发展及用户信息需求的变化，使配比法表现出越来越多的局限性：

首先，对于耗费的资产，因为采用历史成本法核算，在取得时以及计算费用时皆按照历史成本法处理，但是收入的计量依据却是现行价格。收入与支出在匹配上不同时，使收入计量缺乏内在的逻辑统一性和合理性。

其次，损益表反映的经营成果非常有限。它仅呈现已获取的收入，不包括或忽略其他方面的增值情况，未实现利润信息是用户正确评价企业价值的关键。

最后，收益是通过强调收入与费用的配比来确定的，这就促使许多性质上不属于资产或负债的递延项目计入资产负债表。这在降低了资产负债表的有用性的同时还为管理者调整收入奠定了基础。

因此，需要对收入和费用概念及其确定的收益进行一定的改革，以适应新的经济环境需要。

4.1.2　全面收益与利得损失

1980 年 12 月，美国财务会计准则委员会率先提出了一个区别于以往的"收益"的概念——"全面收益"（comprehensive income）："企业在报告期以内，由企业同除了所有者以外的交易活动及其他事项与情况所产生的净资产的变动"，全面收益明显区别于传统的收益的概念在于："全面收益"是基于资产/负债收益观产生的，但传统的收益却是基于收入/费用观产生的。所以，组成全面收益的公式为："收入－费用＋利得－损失＝期末和期初不含与所有者交易相关的净资产的变动"。按 FASB 的观点，利得与损失是与收入与费用并行的一组概念，是在传统损益表上未揭示的企业经营业绩，确切地说，是一组体现未实现收益的概念。FASB 提出的"全面收益"概念对会计界产生了很大的影响。

1992 年 10 月，英国 ASB 在其财务报告准则 3 号（FRS3）中，参考了美国上述观点，将利得和损失定义为财务报表的要素并取代收入与费用，并且对利得和损失赋予了新的概念：利得是排除涉及所有者投资之外的关于所有者权益增加的部分；利得＝收入＋其他利得。损失是排除涉及分派给所有者款项以外的关于所有者权益减少的那部分；损失＝费用＋其他损失。ASB 的定义实质上与 FASB 的定义并无区别，只是利得与损失是包含了收入与费用的一组概念，按其定义，其全面收益的组成如图 4-1 所示。

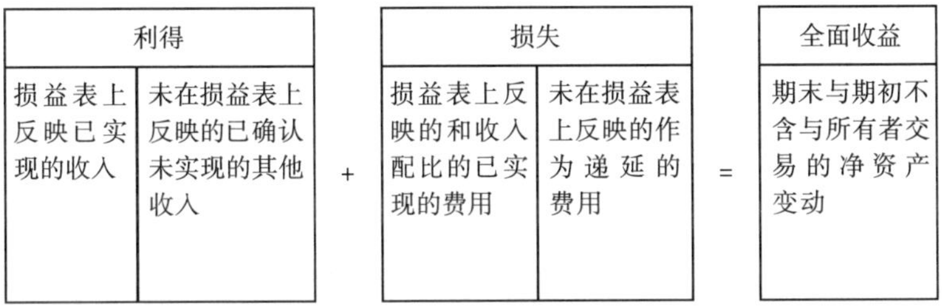

利得		损失		全面收益
损益表上反映已实现的收入	未在损益表上反映的已确认未实现的其他收入	损益表上反映的和收入配比的已实现的费用	未在损益表上反映的作为递延的费用	期末与期初不含与所有者交易的净资产变动

图 4-1 全面收益的组成

国际会计准则基本采用的是 ASB 的利得、损失及全面收益的概念。在 IAS NO.1 "财务报表的表述"要求公司部门的财务报表在组成结构上需要包含"所有者权益变动"。该准则规定："企业在两份资产负债表之间发生的产权变动情况表现出该时期企业净资产的变动，并在财务报表上依据所运用的具体计量原则进行披露。排除以资本投资、股利分配为例的企业同所有者产生的交易，所有产权变动均应当标明企业在该时期各项活动产生的损益之和。"此外，国际会计准则第1号表明财务报表应具有独立的组成部分，以此来强调企业的所有损益，包括直接计入产权的项目。也就是说，国际会计准则也希望将企业所有已确认的损益披露在财务报表中，以此提高呈现企业财务状况的财务信息质量。

4.1.3 利得和损失在财务报表中的益处

由利得和损失取代收入和费用作为财务报表的要素，能够改进损益的核算。以往有些被特定准则允许确认的损益在未实现的情况下，由于无法归入当期损益而被归属于资产负债表的项目中，对企业净资产的变动直接产生影响。但是此时这些项目在发生和报告时可以作为报表要素记录为损益。企业从确认、计量到报告包含一些尚未实现的项目在内的所有当期财务成果，都可以在企业会计中集中、完整地处理和反映，从而也可以协调一个时点的财务状况和一个时期内的盈利之间的不协调。本书也将按利得、损失、全面收益观念进行财务报告设计。

由利得与损失确定的全面收益指标更具有相关性。根据 FASB 的观点，单以潜在用户而言，他们多数关注的是企业产生良好净现金流的能力。企业的收入始终是企业良好现金流的主要源泉。综合收益的组成包含净收益和其他已确认的损益。后者虽未在本期实现，但因为获取的利润极可能在下一期或近期得到实现，所以便成为投资者预估企业未来现金流量的关键依据。具有意义性的是，所有未来确认的损益或综合收益信息对于财务会计信息使用者预估企业未来现金流量的作用，都要大于原始净利润或净收益数值。

4.2 人力资源相关的会计问题

工业经济社会中物质财富的所有权神圣不可被冒犯，财务资本保全和实物资本保全的概念也是基于此提出的。但是在知识经济时代，人力资源，即知识和技能的经济重要性正在提高。在知识经济下，人才资本始终是根基，人才资本的核算和反映可以真实地表现企业的经营活动和成果，从而使会计信息有用。

4.2.1 人力资源会计概述

人力资源会计在国外受到了特定的推广和应用。部分组织开始设计人力资源成本核算体系，并在组织内部人力资源管理的所有环节进行人力资源会计确认和计量。一般来说，这些情况还处于单一研发试运行阶段。

服务型组织中人力资源会计的研发试运行研究。20 世纪 60 年代末，美国注册会计师事务所图奇·罗斯公司的蒙特利尔分公司与里斯特威特公司前后逐步开发了人力资源成本会计系统。其中，图奇·罗斯公司利用人力资源会计系统生成期间费用分析报告、人才资本投入汇总报告、人才资本流量表以及边际贡献报告。以上报告可以控制公司人力资源管理的所有环节。实践证明，该系统的应用给管理活动带来极大的好处。里斯特威特公司研发出更加细致的人才资源成本核算模型。它主要是对企业目前会计制度的会计模式进行修改，开发出人力资源成本会计制度，再把其运用于人力资源管理活动的任一环节。20 世纪 80 年代以来，包括美国六大会计师事务所、美国金融机构在内的许多企业也先后开始人力资源会计的确认和计量。

工业企业对人力资源会计的试验研究情况。20 世纪 60 年代末期，美国的巴里公司开始采用人力资源会计，在几个年度利用人力资源成本会计与传统会计分别对损益与资产进行处理，由此产生不同的财务报表。巴里公司在人才资本计划、方针规划和人力资源监管控制等环节应用人力资源成本会计，并得到极好的反响。美国大型医药公司、欧洲的大型跨国企业及加拿大的格林菲尔德航空工业公司等全世界范围内的公司先后运用人力资源会计，将其全面运用到人力资源管理和企业业绩评价等环节。随着全世界高新技术变革和发展，全球经济发展的关键从自然资源和传统资本资源竞争转向以人才资源为核心的竞争，所以，会计体系以充分发挥人才智力为目标，从而实现企业在人力资源管理方面发挥竞争优势，全方面地为企业提供有关财力、物力与人力资源的数据信息。由此可知，人力资源会计从理论研究延伸到实际应用已经变成知识经济社会的必然。

4.2.1.1 人力资源会计的几个相关理论

其一，人力资产。其指企业在特定时期占有甚至掌控的劳动力资源，可以用货币进行计量并给企业产生未来经济效益。它拥有直接可以提高企业现金流或其他经济效益的潜力。可以从以下四个方面理解人力资产：

（1）人力资产是可以给企业带来未来经济效益的人力资源。人力资源唯有存在于企业才能够转化为人力资产，企业取得人力资源的目的是获得经济利益。

（2）强调"占有或掌控"。在既定的工作时间范围内，企业有权拒绝其他单位或劳动者个人占有其控制的劳动力。

（3）重视流动性。那就是单个企业对占有或掌控同一人力资源具有时间期限。

（4）强调人力资产可以货币为单位进行计量。人力资产的成本应根据劳动者个人的智力和劳动者在组织中发挥的效用，一律由权威的人力资产机构利用合理的方法进行评估。一个人的产出能力可能受组织影响，但可通过成熟的劳动力市场获得其公允价值，完成人力、物力资产之间的优化配置。

其二，人力资源。本书所指的人力资源主要是从微观的角度来定义的，即人力资源是在特定时间与社会范围内，在劳动年龄及以上的劳动者创造社会财富的能力，包括社会财富中进入生产和未进入生产的创造能力的总和。不同于人力资源数量的稀缺性，人力资源的质量在特定的时空范围内是无限膨胀的。因为人拥有学习能力，人力资源具备能动性。但从实际来看，它包括四个方面：体格、智力、知识和技能。这四个方面的不同组合产生了各式各样的人力资源。

其三，人力资本。人力资本的定义是将人力资源使用权转让给企业后形成的一种与实收资本性质类似的"资本源泉"。当劳动者作为人力资源的载体进入企业工作时，此时进行交易的人力资源产权相对应于企业原法定所有者投入的物质资本，此时的"人力资本"具备技术性和生产性。这一定义保障了人力资源权益，就是劳动者作为人力资本的投资者，需要一起同物质资本的投资者分享税后剩余价值净收益。它突出强调人力资本与物质资本的等值。这里所述的"人力资本"宽泛于人力资本理论中的定义。因为它不仅包括对人力资源教育投资所形成的高质量的生产能力，使劳动者学习知识与掌握技能，还包括医疗保健等方面投资所产生的提高生产力的能力，从而增强劳动者的体质，另外也包括纯自然人和纯自然人在了解操作方法后同一定的物质资源相结合产生的特定生产能力。

鉴于上述分析，人力资源、人力资产和人力资本的概念明显相区分却又相关联。人力资源属于社会性经济资源，是以一定数量的劳动能力人为代表的。人力资产和人力资本是人力资源进入企业的结果。人力资产是以企业人力资源的形式表现出来的。人力资本首先是资本，而资本是一种价值表达，它是建立在人向企业投入人力资源的基础上。毋庸置疑，人力资本依靠人力资源和人力资产得到反映。所有资本在会计领域都能以资本的占用模式和资本的来源渠道两个方面呈现出来。人力资产反映了人力资本的占用模式，而人力资本则是会计主体在一定时期内接受的人力资本投资总额。国家、企业甚至个人都可以成为公司人力资本的来源途径。

4.2.1.2 人力资本与实物资本比较

实物资本在实物产品上表现，同理，人力资本在劳动者身上表现，一个国家所具备各种生产要素的数量（厂房、机器设备、原材料和燃料等）能反映出该国家持有的实物资本的数量。一个国家现存劳动力数量也反映该社会的人力资本的数量。但这仅是对实物资本和人力资本概念的初步表述。

实物资本还包括资本的质量或资本展现的技术水平。将现代与20世纪二三十年代相比，一样的机器设备明显不同于以往。人力资本也一样，各个劳动者的质量或工作能力、技术水平、熟练程度是不同的。同一个劳动者在接受一定的教育和训练后，他的劳动质量会有很大提高。

人力资本和物质资本的共同点是它们是通过投资形成的，这意味着它们的最终目的是获得未来的收入。物质资本的所有权能够以转移或继承的方式改变所有者是人力资本和物质资本最重要的区别，因为这是人力资本无法办到的。人力资本和物质资本不仅有相似之处，也有不同之处，两者之间还存在互补性以及替代性。使用较少的物质资本和较多的人力资本，或者使用较多的物质资本和较少的人力资本，通常会产生相同数量的收入。

4.2.1.3 人力资源价值分析

人力资源价值包括基本价值与变动价值两部分。劳动者只要可以从事简单劳动就能具备基本价值，这受保证劳动者生存的收入影响，而变动价值就是劳动者价值发生增值的数值。

人力资源实现其自身价值的途径唯有同其他经济资源联结。往常，个体人力拥有期望价值，并希望以多种方式提高期望价值，在其进入组织后，他获得与自身期望价值匹配的报酬，此时期望价值便转为现实价值。一个企业的资源可以分为一般实物资源、土地资源与人力资源三大类。人力资源价值变化明显区别于其他资源价值的改变。在不考虑物价变动的情况下，一个组织内部人力资源价值随着时间和资源使用情况产生的变化趋势以及同实物资源的比较情况如图4-2所示。人力资源由于经验与技术的增长，最初总是处于增值状态，但当到了一定阶段就会出现知识老化、生老病死等现象，出现人力资源的贬值。因此，其价值曲线呈抛物线形。相应地，劳动者报酬也要相应地围绕人力资源价值不断攀升或下降，如图4-3所示。

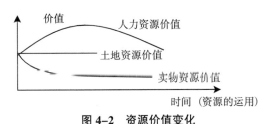

图4-2 资源价值变化

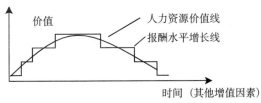

图4-3 人力资源价值与报酬增长关系

4.2.1.4 人力资源投资

人力资源投资指的是在产生和增加人力资源价值的进程中所进行的实物、货币和劳务投资，如图4-4所示。

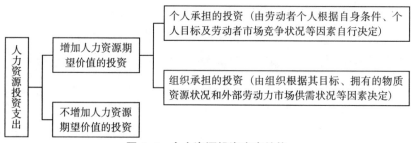

图4-4　人力资源投资支出结构

现代经济学家认为，投资人力资源所需支出的内容有：①教育用途支出。②卫生保健用途支出。③生活福利保障支出。④安全保护防护措施支出。通过投资，将增加一个企业或国家的人力资本总额，一方面是劳动力数量的增加，另一方面表现于劳动力质量的提高。特别是高质量的劳动力，对经济增长有重要作用。

4.2.1.5　知识经济下的人力资源

21世纪是知识经济时代，经济合作与发展组织在报告中第一次开始使用"知识经济"这一名词。这代表着一个新时代的来临。会计是由客观经济环境的变化所决定的。传统会计应该依靠人力资源会计迅速适应新经济形势。人力资源会计理论是基于一定的假设，在实际实践过程中会出现一些挑战，所以理论在实践中必须以事实为依据，灵活地将理论联系实际，决不可照搬照抄。

虽然我国针对人力资源会计理论的研究取得了阶段性的胜利，但在日常实际工作过程中由于价值观念、体制等原因，理论指导实践的效果并不理想。另外，由于人力资源价值计量存在困难，无法真正体现企业家的价值以及激发企业家的积极性。目前，学术界对人力资源会计理论的研究较多，但分歧和争论仍常常发生。并且人力资源会计在实际操作过程中也存在挑战，这促使完善人力资源会计的理论和实践迫在眉睫。

4.2.2　人力资产与劳动者权益的确认

人力资源成本会计是一种提出时间相对早、相对成熟的人力资源会计计量模式。20世纪70年代，美国会计学家埃里克·弗莱霍兹（Eric Flaholtz）将人力资源成本会计定义为对企业获取、开发和替代人力资源所产生的成本进行计量和报告。他提出，人力资源成本会计主要研究如下两种成本类型：一是包括人事管理活动成本、人力资源的配置和培训在内的人事管理职能成本，该成本是获取和开发人力资产成本的要素，也同这些过程的人力资源使用价值相关联。二是人力资源本身的成本，并非属于人事管理职能的成本核算，其包括衡量不同层次人员的获取和发展成本。

4.2.2.1　人力资产的确认

国内会计专家刘仲文提出，人力资源成本会计是计算企业在获取、开发和保障人力资产使用价值的过程中而付出的成本的一种会计方法。根据计量基础的差异，人力资源成本会计可以进一步分为人力资源历史成本会计和人力资源重置成本会计。

首先，人力资源可被企业拥有与控制。一些学者认为，人力资源既不能购买，也不能为企业所拥有，因而不能确认为资产。这对个别企业职工来说当然是正确的，但个别职工的受聘或解聘整体上对企业的职工没有太大影响，在职员工在任职期间必须服从企业管理。就如同理查德·A.萨缪尔森提出的"多数已被企业确认的资产仅反映了部分权利，例如租赁……，这些部分权利全都具备价值，因此应该被确认为资产"，所以企业职工可以视为企业所实际"拥有与控制"的人力资源。而且这种人力资源能带来未来的经济利益的作用也是不可忽视的，尤其是在知识经济时代，企业职工整体素质的高低将直接决定企业的效益好坏。

其次，人力资源的支出可资本化。存在这样的看法：人力在性质上不属于资产，特定期间组织内职工所提供的劳务是以此期间职工工资的形式支付的，是一种费用，但实际上，企业为了培训职工、改进职工福利、提高职工士气所花费的支出是可以预期获得未来收益的。劳动者获取报酬不但促使员工技能和工作绩效得到提高与积累，也给员工提供了继续接受进一步教育和培训的条件。这种投资实现了人力资源过程的增值，这种费用支出与人力资源价值之间存在哲学上的辩证关系。人力资源具有可增值的特性，故其不仅仅可维护，更可扩大投资，这些支出将增加人力资源的未来潜力，被列为企业资产是有充分理由的。

最后，人力资产一直未被确认进入财务报表的一个很重要的原因就是其具有计量的不可靠性。事实上，不少学者已提出了一些人力资源货币计量方法，其客观性并不亚于实物资产，如机器设备的折旧时间与折旧值的问题，其实也都是主观决定的。

因此，人力资产的确认是行得通的。人力资产是指企业所有或掌控的，未来可能给企业带来经济利益的人力资源，它包含直接性和间接性的现金增加潜力或其他经济利益增加的潜力。总的来说，人力资源可在较长时间内发挥作用，因此对其的投资支出属于资本性支出而非收益性支出，人力资源也应资本化，并在合理的期限内摊销。由于其持续期限一般介于一年和某些固定资产的经济寿命期之间，所以按流动性作为标准，应排列于长期资产与固定资产之间。

4.2.2.2 劳动者权益的确认

经济上普遍认为，任何社会生产和管理过程都需要劳动力、劳动对象和劳动数据这三个基本要素。对于目前的财务报告体系，我们只关注劳动对象和劳动数据的所有者，将劳动对象和劳动数据的投资者或其货币价值形式的投资者视为企业的所有者，而不是单单将劳动力所有者视为企业的所有者。事实上，企业有两种类型的所有者：一种是提供基本劳动条件的物质资本所有者，另一种是用自己的技术和智力完成劳动过程的劳动力所有者。两者的结合给企业带来了好处。

所谓工人权益是指企业生产经营过程中形成的工人所拥有的相应资产的权利。从动态的角度来看，它因新创造的劳动价值而增加，因分配给员工而减少；从静态的角度来看，它是企业保留的所有员工资产的相应权益要素。位于负债和所有者权益之间的职工权益是一种中性权益。

现行制度存在的工资福利等报酬只能作为补偿劳动者的劳动消耗所必需的生活物资的价值（人力资产的弥补价值），是转让劳动力使用权的价格，属于收益性支出的范畴，只是人力资本的一部分。人力资源总有一部分是由个人投资的，因此企业对人力资源也就不可能如企业控制的其他经济资源一样拥有其终身使用权和完全所有权。因此，作为人力资源资产相对的权益，一部分应属于企业或组织所有，另一部分应属于劳动者个人所有，而由人力资源产生的收益也应在企业所有者与劳动力所有者之间进行分配，这一部分不再是一种费用，而是劳动者权益分成。分成是企业实现的价值增值部分，但这种分成不能像资本公积可以转增实收资本一样转增为人力资本。

因此，劳动者权益应当予以确认。劳动者权益是指劳动者由于拥有人力资源故而享受到的相应权益，其反映劳动力的所有权投入企业形成的"资金来源"。在引入人力资源会计要素后的会计平衡等式是："物力资产＋人力资产＝负债＋所有者权益＋劳动者权益"。

4.2.3　人力资源价值的计量

人力资源价值有特殊性，其计量也不同于一般的实物资产。对人力资产的计量方法有许多种，主要分为两类：一类是从人力资源投入的角度来计量。这种计量模式的主要优点就是客观性与可验证性强，但反映的企业人力资产状况往往好于真实情况。此外，人力资产的增值和摊销跟其实务工作中为企业带来的效益相分离。另一类是按产出价值对人力资产进行计量。这种方法很有效地反映人力资产的动态性和其对组织贡献的大小；缺点主要是计算复杂，估计多，不确定性及主观性强。

4.2.3.1　人力资源成本计量

人力资源成本会计关注的问题是人力资源投资资本化。主要的会计计量方法包括历史成本法与重置成本法。两种方法最大的区别在于前者是根据实际的投资支出来衡量人力资源的投资成本，而不考虑价格变动或周转成本等因素。后者需要依据价格变动以及因辞职而产生的所有直接间接费用来衡量人力资源的投资成本。

据此，可把人力资源成本细分为四个要素：获取成本（招聘、动员、选拔等成本）、发展成本（在职教育、培训成本、被培育人员误工损失等）、保持成本（工资及福利费、劳保费、安全设施成本等）、离职成本（离职费用、退休金、职位空缺费用等）。人力资源成本的计量可以根据不同行业、不同企业的实际情况采用如表 4-1 所示方法。

表 4-1　人力资源成本的计量方法

名称	方法	适用范围
原始成本法	按历史成本计价原则，将人力资源的获取、维持、培养和离职需要的实际支出资本化	希望收回人力资源资本的普通企业
重置成本法	假定在当前物价条件下将重新获取、维持、培养人力资源所耗费的全部支出的资本化	在物价变动情况下关注人力资源价值前景好的企业
机会成本法	人力资源计价按照职工离职时企业所遭受的经济损失来计量	知识和技术密集的企业

第一，原始成本法。该方法以企业获取和开发人力资源所产生的各项费用作为入账价值。该方法注重运用财务会计方法获取与人力资源投资有关的信息，保

证人力资产信息可同其他资产信息进行比对，给企业编制预算以及展开分析评价工作给予方便。该方法客观、精确、稳妥，但不能切实表现人力资源的价值，有助于管理决策的人力资源数据无法获取。

第二，重置成本法。该方法是衡量在现实工作环境下，企业为重新招聘和培训技术水平、质量和工作能力与现有员工相当的员工而发生的总成本，或在实际工作环境中，招聘和培养符合特定工作要求的员工所发生的总成本，包括员工的招聘成本、发展成本以及离职成本。这种方法着眼于人力资源价值，反映其实现价值，有利于人力资源进行补偿和配置。但其是主观地评价人力资源实际成本，重置成本也未能真实地反映人力资源价值。

第三，机会成本法。该方法是指在没有市场价格时，可以通过其他替代选择的收入来估计目标资源的使用成本。例如，保护环境和禁止砍伐树木的代价不是通过衡量保护资源的收入来估算的，而是以保护资源备选项中所耗费的最大价值来衡量。保护土地就是以保护土地资源所付出的最大价值来衡量土地的价值。

4.2.3.2 人力资源价值计量

人力资源创造的经济价值由两部分组成：一部分是补偿价值，即支付给劳动者以补偿其身心劳动的消耗和保持劳动能力的部分，具体表现为工资、福利基金等形式；另一部分是增加值，就是人力资源在劳动中给企业和社会带来的收入，以税收、利润等形式表现出来。人力资源价值会计是将人视为有价值的企业资源进行核算与报告的过程。其意图是了解一个具有人力资源创新能力的组织中现存人力资源的质量，提供给企业管理层和企业外部利益相关者全面的信息进行决策。人力资源的价值计量可采用表 4-2 所述方法。

表 4-2　人力资源的价值计量方法

名称	方法	适用范围
工资报酬折现法	将估计的员工有效工资时期内的所有工资报酬，根据一定的折现率折为现值，以此当作人力资源的价值	工资制度趋于稳固、公平的普通企业
商誉评价法	把企业过往若干年内相对行业的超常盈利部分作为商誉，将其与人力资源投资率相乘求出的结果作为人力资源的价值	人力资源所创造商誉占一定比重的企业
企业未来收益法	将企业未来源于人力资源投资的收益当作人力资源价值	人力资源占据相当比例的企业

续表

名称	方法	适用范围
指数法	按照特定期间人力资源价值的变化，敲定一个人力资源价值发展指数，以此计算今后往年的人力资源价值	重视人力资源发展与人力资源价值保值增值的以技术和知识为重点资源的企业
随机报偿评价模式	以人的生产能力、发展性、移动性等未来工作的变化性概率，按照企业获得的这种工作收益的随机过程来核算人力资源价值	运用轮岗制，组织与员工个人之间较独立的企业

4.2.4　人力资源报表报告项目

为正确核算和全面反映人力资源信息，根据以上理论分析，对人力资源的会计核算流程如图4-5所示，并相应地设置总账科目，在报表上进行反映。人力资源价值会计是计量未来某一时期内员工的薪酬价值和人力资源剩余价值，以此全面、精确地反映关于人力资源价值方面的讯息。

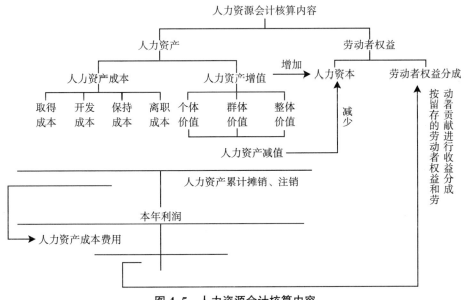

图4-5　人力资源会计核算内容

4.2.4.1　人力资源报表报告项目

第一，人力资产。会计对人力资源的获取、培训、研发、管理和利用过程产生的资本性支出和人力资产评估增值进行核算。在借方记入发生的费用以及评估增值，在贷方记入转出人员、离退休人员、死亡人员和评估减值，余额借记代表会计期末人力资产存在结余情况。它在长期资产和固定资产两个科目之间进行列示，根据部门和职员具体设置明细账。

第二，人力资本。它属于权益范畴。当员工受聘或由于其能力得到提高和重新评估时，在贷方记入评估值。员工由于外调、退休、死亡等原因离开企业，或者工作能力因年老而下降时需要借记。余额记入贷方表示剩余劳动力所产生的资本额。

第三，人力资产累计折旧。它最初是对"人力资产"的调整项目。折旧计提的情况计入贷方。人员外调、调整、退休或死亡等情况记录在借方。余额记入贷方时反映现有人力资产的累计折旧额。折旧有两种不同的方法：个别折旧和集体折旧。个别折旧法适用于高级技术管理人员。普通职工可运用集体折旧法。折旧年限可按照员工预期的工作年限，结合退休制度、离职情况、员工个人健康状况、技术落后等因素合理设置。人力资产累计折旧在内容上分为人力资本成本摊销和人力资产价值贬值。企业为获取、开发、维护和离开企业而发生的费用称为人力资产成本。它必须在人力资产的经济寿命范围内得到摊销。人力资产价值贬值指的是劳动者从青壮年到晚年这一过程身体健康状况恶化，导致劳动能力下降和资产发生贬值。所以，应在本科目下设置两个名为"人力资产成本摊销"和"人力资产贬值"的明细。

第四，人力资产成本。对工资、福利基金等人力资产的收支和应按当期收入比例摊销的资本性支出（人力资产成本）进行核算，属于损益类。借方记入发生并摊销的费用，贷方记入期末结转的损益，该科目期末结转后无余额。

第五，人力资产损益。这个科目计算企业人员在转移过程中收取的补偿费（如学习、培训、实际费用、违约金等）同账面净值的差距，企业人员因退休、死亡等因素离开企业时核销的账面价值之间的差额，发生事故收到保险赔偿金、其他赔偿金和医疗费用、意外伤亡人员一次性领取的抚恤金的差额，员工退休收到一次性退休抚恤金、一次性补助金等，当赔偿收入大于账面净值时在贷方计入获得的相关赔款，当注销账面净值、支付费用时借记或者赔偿收入小于账面净值时借记，该科目期末结转后也无余额。

其中，劳动者权益分成归属于权益账户。根据留存的人力资本配置给劳动者已实现的价值时贷记，如果劳动者薪酬低于国家或政府要求的最低薪酬标准时差额部分也贷记，如果劳动者提取劳动者权益分成收益以及劳动者放弃劳动者权益分成离开企业时，那么就记借方。贷方存在余额就是留存于企业的劳动者权益分成额。

人力资源价值会计解决人们对企业价值低估的问题，将企业所有或掌控的潜在价值进行有效的数量化和信息化，有助于企业不会因为其实物资产价值低而受到轻视，也促使管理层重视人力资源的投入与开发，使其内在的个人与组织价值成为最大的实际产出。但这种模式也无法解决人力资源的所有权问题，企业为了获取和开发人力资源承受了一定程度的代价，从而获得劳动力的使用权。但是如果没有所有权，如何确立劳动者的权益这些实质性的问题就无法解决，仅仅只是做到对人力资源的关注，并没有从根本上界定企业中劳动者的存在、在行业中的地位，也不能从根本上调动工人的积极性。

4.2.4.2 对资产负债表的改进

我国虽处于建立了市场机制的初期，但占主流的依旧是非市场因素，特别是平等分配制度仍然主导着分配机制。因为复杂劳动的人员培训成本高，类似于知识需求迫切的企业职工、大学教师、企业高层领导、政府公务员这样的一类进行复杂劳动的知识型人才也能够获得高额薪酬。但是，目前我国市场主要运行的分配机制是平均主义，未能够有效地实现市场的分配原则，这严重束缚了人力资源的运作，导致人们无法在观念中认同经济活动中人力资源的重要性，因此阻碍了人力资源会计在企业中的发展和运用。人力资源是一种关键的经济活动要素，在资本化后需要有效披露于资产负债表里成为其中的一部分。内容如表4-3所示。

表4-3 人力资源在资产负债表披露的改进

改进措施	具体详情
人力资产相关信息的披露	人力资源之所以列在资产负债表的前面部分，原因在于人是推动社会经济发展中最关键、最灵活、最具创新能力的要素。企业需要将利于用人决策的职工历史成本列示于"人力资产投资"中，需将人力资产披露于"人力资产价值"以便体现人力资产潜在作用的预计总价值
人力资本所有者权益的相关信息披露	人力资本所有者权益是由人力资本、法定人力资本所有者权益和附加值构成。企业持有的劳动投资由资产负债表里人力资本所有者权益项目下的"应付工资""应付福利费""职工教育基金""劳动保险基金""失业保险基金"和"公益金"等科目表现出来的。它将法定人力资本所有者权益增值部分具体表现为"人力资本所有者权益股利""人力资本所有者权益份额""人力资本所有者权益准备金"等

4.2.4.3 对利润表的改进

我国市场机制仍旧不成熟，资源目前的开发和分配未能很好地得到展现。许多企业的管理人员的人数多于专业人员，但专业人员往往并非高素质、高才能的人才，这导致无法实现优胜劣汰，人力资源在企业中的配置无法合理化，对人力资源绩效的提高带来挑战，加剧企业人力资本与物质资本之间存在的不对称和不公平现象，不能充分发挥人力资本的效用，阻碍人力资源会计在实际工作中的应用。

在利润表中，"人力资本投资支出"已经分配到与之对应的生产成本、制造费用、管理费用、经营费用等项目里，因此没有必要列示在利润表中。但其在人力资源损益表里面却可以单独列示。非人力资源与人力资源共同对企业的营业收入产生贡献。因此，无论是人力资本还是物质资本，它们的所有者在面对分配利润时具有同样的话语权。在人力资源损益表中，非人力资源收入是由"人力资源收入"项目乘以一定的收益率计算得来的。总收入就是人力资源收入同非人力资源收入之和。"人力资源费用"这一科目中需要填写的数值便是同期"人力资产投资摊销"科目的当期贷方金额，这需在当期摊销，是当期支出的人力资源费用。明显看得出，两者的区别不仅是人力资源的收益，还是人力资源在总利润中的贡献成分。

4.2.4.4 对现金流量表的改进

将人力资源活动现金流量单独列出来，其中当期非人力资源现金收入可由一定的收益率计算得出。企业总收益与非人力资源现金收益之间的差值就是人力资源活动的现金收入。其中，招聘职员的相关支出、人员教育培训支出、大额医疗支出、保费、大型补贴和人才退出补偿费、薪酬、股息等共同组成本期人力资源活动支出。应注意的是，上述对于总收入的划分，是以企业不存在人力资源转移收入、违约金收入等，不包括物质资源的活动收入为前提。此时，要把这部分纯人力资源收益在总收益中扣除，所剩部分按提供的收益率计算出非人力资源收益和人力资源收益。

4.2.5 人力资源表外披露内容

正如前面所述，正因为人力资源的特点不同于物质资源，其价值的确认、计量和报告过程要比物质资源更具复杂性。所以，单纯依靠前面提到的财务报表披露人力资源会计的相关信息，明显无法满足公司管理层、普通职员和相关领导者知晓组织人力资源现状的需要。因此，关于人力资源的财务报告不仅需要在报表中予以确认和披露，还需要包含下列报告内容，如表4-4所示。

表4-4 附加报告类型

附加报告类型	诠释
人力资产投资报告	能够提供企业人力资产管理活动应支出或已支出的成本信息，将人力资产投资的实际值与计划值进行对比，以此分析了人力资产投资目标是否实现，投资效率是否理想
人力资源效能报告	提供员工关于技能、立场、交流、激励、交往、均衡与协作等方面的信息，这些因素是人力资源价值的变量，对人力资产的价值或服务潜力产生影响
人力资源流通报告	人员流动客观上是社会资源优化配置的需要，编制人力资源流动报告的目的大体上是提供公司当年人力资源变动的情况，利用对企业人力资源的期初、期末数额与职工数量的比较，可以控制企业现有的人力资源存量和与存量相关的投资
人力资产效益报告	能够提供企业使用人力资产的相关信息，比较分析特定期间人力资产的使用信息有助于改善人力资产的使用效益

在西方国家人力资源会计的试点实践中，企业只在组织内部使用人力资源会计信息而不对外发布。主要原因是目前普遍接受的会计准则并未规定企业在向社会公布的财务报表中列示人力资源相关的信息。企业对是否要提供具有自主权。人力资源会计目前缺乏一套完整的理论体系和核算方式。因此，对人力资源会计信息质量仍存在疑虑。人力资源会计深刻复杂的计量方式不符合成本效益这一原则。但是，目前人力资源会计信息只面向组织内部，这一情况并不意味着外部利益相关者无须了解此类信息。外部利益相关者可从外部财务报表中包含的人力资源会计信息知晓有关企业人力资源投资、开发和建设的情况，从而了解企业对人力资源投资的重视程度，知晓企业人力资源的质量与数量。在某种程度上这会影响企业未来每个时期的盈利水平和业务发展前景，因为高水平人力资源条件有利于企业劳动生产率的提高，能够得到更多经济效益。人力资源重要性逐渐显现，人力资源会计计量与确认体系逐渐发展成熟，人力资源会计信息披露在企业外部财务报表已成趋势。

财务报表所反映的是货币值和数量值信息。人力资源因信息特殊性而区别于其他资源，经常存在量化的困难。衡量人力资源价值需要运用以下两种模式：第一种是货币价值计量模式，该模式的信息已反映于上述内容中。第二种是一个非货币价值计量模型，主要是反映人力资源的创新性、个性、敬业度、工作积极性和忠诚度等不可计量型信息。这部分内容可以进行表外披露，具体存在两种形式：附表和附注。

通过表格补充说明报告表中有关人力资源的信息。增加以下时间表来全面反映人力资源信息：

第一，人力资源投资报告。该报告反映了这一时期获得人力资产的成本和为培训雇员而开发人力资源的成本。也就是说，它反映了企业在招聘和培训各种员工方面的投入，其投资一般同企业盈利增加成正比例关系。通过比较人力资产投资的实际数值与计划数值，可以分析评价投资效果与投资效率。它可以帮助决策者制订更适合企业未来自身发展的人力资源投资计划。

第二，人力资源流动报告。人员流动客观上是社会资源合理分配的需要。报告呈现了目前企业人力资源的变化，分析了期初和期末人力资源数量与人力资源利用评价的不同，表现企业人力资源创造收益的能力变化，从而使决策者决定合适的人力资源投资方向。这个报告同人力资产绩效报告相匹配，两者皆反映了人才流动对资产绩效的影响，以实现人力资源的优化配置。

第三，人力资源权益报告。此报告主要体现运用人力资源的收入状况，促使决策者能够适时采取措施，促进人力资源的使用效率进一步提升。

第四，人力资产绩效报告。该报告提供关于相关人员工作立场、专业技能和组织协作方面的信息，以上这些因素作用于人力资产的价值或服务潜力。

附注可披露非货币性人力资源信息。附注披露的内容包括企业人力资源的整体适应性、创新性、团队工作表现、合作习惯、组织整体教育水平、员工满意度、了解先进技术的程度等潜在能力。除此之外，各类人力资源的区分标准和总价值甚至是人力资源会计所采用的方法都需要——披露出来。

4.2.6　人力资源成为第一资源

在知识经济逐渐成熟的背景下，知识与拥有知识的人力资本变得比传统的资本、土地等生产要素更关键。人力资本，就是劳动者通过投资自身拥有的知识和技能为企业创造更多财富的最关键资源。在知识经济时代，脑力劳动成为劳动中日益关键和逐渐占据主导地位的要素。因此，脑力劳动者也将是劳动者队伍的主力军。复杂劳动能够提高企业核心竞争力和增加企业价值，其倾向于通过知识教育发展职工的创新意识及能力。知识劳动可能是复杂劳动的产物，它是企业创造价值的主要源泉。增加企业财富的主要引擎是劳动者基于专业知识和相关技能的创新型劳动。这就需要改革公司取得超额利润的分配机制。劳动者需要按照对组织的劳动投入量获得剩余索取权。最近几年有些企业制定的年薪制度、管理者的股份制管理以及管理者根据科研水平、知识、技艺与技能参与各种的分配形式，这些现象都以各种方式反映人力资源权利和知识的重要性。

美国是世界上率先研究人力资源会计而且在此领域占据领先水平的国家。人力资源会计的研究在美国崛起后立刻引起世界各国的重视。20 世纪 60 年代以后，英国、日本、澳大利亚、加拿大、瑞典等国相继进行了这方面的研究，人力资源会计开始兴盛。

4.2.6.1 人力资源

学术界对人力资源的定义百花齐放。伊万·伯格认为，人力资源就是人拥有的用来生产劳动产品或提供各种服务的能力、技能和知识。人力资源具备同其他资源相同的特点——稀缺性以及有用性，但人力资源作为特殊的资源又因具有可再生性而明显不同于其他资源。劳动者需要花费近 20 年完成一次物质与劳动者自身的再生产，其他资源没有办法达到这一能力。人力资源的质量具备无限膨胀性的。不同于人力资源数量的稀缺性，人力资源的质量在特定的时空范围内是无限膨胀的。因为人拥有学习能力，人力资源具备能动性。人力资源存在难记量性。人作为人力资源的载体，影响其能动地进行工作的因素具备极大的不确定性，这种庞杂的不确定性给会计核算带来了巨大的挑战。

简单地说，人力资源的内容仅由脑力和体力组成。但严格意义上来说，它的内容是由体力、脑力、知识和技能组成的。①体力的含义是身体运动时的机体状态，比如力气、频率、耐力、柔韧度、灵活度和解除疲劳的能力。②脑力是人们依靠大脑的知识来学习和能动地改变世界的一种特殊能力，这种能力由大脑思维、记忆力、观察力、想象力和判断力组成。③知识是人类在学习和生活中学到的直接经验和间接经验。④技能是指人们通过实践将知识和经验练习成习以为常的行为系统，或是在人们合理规范后的一系列熟练行为能力。这四个方面的不同组合产生了各式各样的人力资源。

4.2.6.2 人力资源成本会计

客观来说，人力资源成本计量模型能够客观呈现人力资源成本的现状，可是也有许多弊端。第一，它不计算职工的能力以及产出的价值，人力资产账面价值无法作为人实际可以创造的工作价值。这源自不同能力的员工花费相同的招聘和培训成本，因此不同人力资源所拥有的经济价值不能简单体现在会计账面上。第二，它对人力资产的归属没有准确的定义。站在投资者的角度，它貌似归企业的所有者所有，但人力资产支出的一部分可能不足以说明所有权的问题，所以无法从根本上调动企业人力最大的积极性。

他提出，人力资源成本会计主要研究如下两种成本类型：一是包括人事管理活动成本、人力资源的配置和培训在内的人事管理职能成本，人力资本的价值投入受这类成本的影响，该成本也同人事管理过程中的人力资源使用价值相关联。二是人力资源本身的成本，并非属于人事管理职能的成本核算，其包括对各类人才的培养费用。国内著名学者刘仲文将人力资源成本会计定义为一种会计方法，用于公司核算在提升人力资产使用价值时牺牲的成本。其特点是需要逐一计算人力资源在获取、发展和运用时具体环节的成本，把与人力资源的获取、发展和运用有关的费用资本化成人力资产，再根据受益期定期结转成本。

人力资源成本会计是一种会计处理方法，用于反映企业为获取、开发、保障人力资产使用价值而牺牲的成本，其内容具备完整的会计工作步骤。根据计量基础的差异，人力资源成本会计可以进一步分为人力资源历史成本会计和人力资源重置成本会计。

4.2.6.3　人力资源价值会计

"价值"通常有"使用价值"和"交换价值"这两种概念。价值的含义在经济学上主要集中在交换价值的概念上，即特定资源的价值应该是其之后能够带来的经济利润或功能服务。人力资源与资产存在相同的属性，原因是人力资源也能够带来经济利润或功能服务。但是人力资源的产生和贡献反映其价值，这是其价值明显区别于物质资源价值的理由所在。因此，人力资源价值指的是在特定组织服务期间，劳动者大概能够给该组织带来经济流入或提供服务的现值。作为一种有特殊价值的组织资源，劳动者被人力资源价值会计方法如实记录和反映价值。这些工作的目的是激发组织中的人力资源创新，以此为企业内、外部利益相关者提供人力资源素质现状的全面信息。

人力资源价值会计利用对将来一定时期内员工的薪酬价值和人力资源剩余价值的计量，以求全面、尽可能确切地表现与人力资源价值相关的信息。由于会计核算大部分情况规定利用货币来计量业务活动的价值，所以关于本书后面涉及的

模型，将侧重于以货币作为计量单位的模型。目前对人力资本计量方法的研究主
要包括不完全价值计量法、折现未来工资报酬法、商誉法、经济价值法和完全价
值计量法，如表 4-5 所示。

表 4-5　人力资本的计量方法

计量方法	公式	诠释
未来工资贴现法	人力资源价值 = 未来薪酬的现值平均效率比率	要求将效率当作薪酬的调整标准，以此核算企业职工的人力资本价值
商誉法	人力资源的价值 = 本企业（实际纯利润收益 - 企业总资产 × 行业投资收益率）/ 行业投资收益率	将企业前几年收益中高于行业平均水平的额度叠加为企业商誉的价值，商誉价值乘以人力资源投资率便是企业人力资源的价值
经济价值法	分析人力资源投资占企业全部投资的比重，将未来收益中属于人力资源投资获得的经济流入当作人力资源的价值	这项方法通常用于人力资源群体价值的计量，秉持的观点是人力资源价值所在是产生未来报酬，折现企业将来各期报酬
完全价值法	基于以前和当前的实情以及未来的预测，加上实时更新调整，分别计算职工个体价值的变化值	是计量人力资源的群体价值和个体价值的方法

　　人力资源价值会计能够避免企业价值被低估，将企业可利用的一些难以察觉
的价值进行方便直观的数量化和信息化，避免了企业实物资产因为价值低而不受
重视的情况，凸显人力资源在企业发展中的重要性，将职工个人和企业整体价值
最大化。关键是，人力资源的所有权归属问题依然存在。企业在招聘和培养劳动
力的过程中获得了使用权但是也为此做出了牺牲。企业仅是对人力资源投去关
注，却未曾消除所有权问题、确立劳工权益问题，那么仍然无法明确组织中人力
资源相关问题，当然也无法调动职工对工作的积极性。

4.2.7　企业实施人力资源会计的建议

　　目前，我国会计队伍中占较大比重的是非专业人员，这种现象特别在政府机
关事业单位更明显，极大地阻碍了新准则的落地实施。对于人力资源会计的实施
更具难度，因为它本身就是一项工作任务重、计量技术复杂、专业要求高的会计
业务。

　　我国的计算机技术仍未在统计和会计领域广泛得到应用，但人力资源会计具
体项目的计量工作任务重，需要依靠计算机来高效完成，这一技术要求制约了人

力资源会计的发展和运用。这些挑战严重阻碍了我国人力资源会计的实施。促进人力资源会计的应用，首先要确立人力资源会计的概念，其次在实践中加以应用。在实施中由易到难，按部就班，切忌操之过急。

4.2.7.1　加强理论研究，加强典论宣传

利用期刊的宣传以及人力资源会计的介绍，有助于人力资源会计的理论内容和新时代管理意识根植于大部分会计专业人员和管理领导人员的思维中，加深人力资源会计的业务影响力。基于对我国人力资源会计目前研究成果的总结，学习和效仿西方国家的相关研究成果，将其理论研究的根基置于知晓实际工作对人力资源会计的需求上。目前，我国关于人力资源会计的研究多数以个人形式进行，对于团队研究的现象少之又少，需要强调群体研究的意义，对人力资源会计区分专题再开展研究工作，其中各专题可被视为单个课程。中国会计学会主办安排工作来引导社会上会计学者与会计工作者积极参与，这有助于推进对人力资源会计理论内容的研究和完善。

4.2.7.2　设计切实可行的人力资源会计准则

理论上，把人力资源会计及其理论应用于实务工作核算中的同时将其与当前的会计实践相融合，这还存在一些问题，可是事实上最难的问题是实践运用。理论唯有在实践中运用，理论中的问题才能被挖掘和处理。人力资源会计在实践中的使用需要按照一定标准，否则必然会导致会计核算混乱和信息失真的现象。阎达伍在其著作《会计准则》中提出，相关会计准则需要确切给出人力资源的概念、要素成分、理论核算方法与步骤和具体会计分录的处理，促进人力资源会计应用和普及的标准化。

4.2.7.3　开展人力资源会计的试点工作

全面落实上述工作后，选择企业进行首次应用，相关部门可进入企业指导关于人力资源会计制度的相关问题。人力资源会计具有借鉴意义，可以为试点企业的人力资源成本会计体系提供建设方向。试点期间，核算和报告人力资源成本所形成的内部报告可以为管理层提供日常工作方面的决策信息。企业可以同时运行两个新旧账户。一是根据目前的会计工作照常操作，最后提供外部财务报告。二是运用人力资源会计所规定的会计方法进行实务操作，编制财务报表。同时，企业人力资源状况的非货币性信息可以通过在社会公开的财务报告中增加部分表外项目。

从试点运用以来，人力资源会计在理论和实践上逐步被完善，而且受到广大企业的认可。随着实际会计操作过程的科学准确化，源于人力资源会计的信息增强了对决策的作用。此时，全面普及人力资源会计成为现实。人力资源会计的实施应循序渐进。在实际应用人力资源会计时，只有对症下药，根据工作进度和实际情况选择适宜的主体，才能看到预期效果。

综上所述，我国现实经济环境迫切需要人力资源会计的实施。任何新生事物发展都有一个逐渐蜕变的进程。毋庸置疑，人力资源会计的应用和普及必定有一段坎坷的道路。20 世纪的知识经济时代是一个崭新的经济社会形态。当前研究会计理论的目的只适用于先前的工业经济。在知识经济社会中，人力资本是经济发展过程中的核心资本，社会生产方式被信息技术深深影响着。人力资源会计的重要性已日益被大众所熟知。随着经济蓬勃发展，现代经济理论比如现代无形资产理论、财务理论、人力资本理论的持续创新和普及，极大地填充了人力资源会计理论体系。适用于传统经济形式的会计理论必须重新接受洗礼。现代企业制度的规范性为人力资源会计的普及扫除了外部障碍。此时，在理论研究和实务探索的协同发展下，丰富和发展人力资源会计的基础理论和方法必将是这个时代经济发展的要义，这有助于企业全面管理和企业资源综合评价。

4.3 衍生金融工具相关的会计问题

在知识经济环境中经济金融化的推动下，衍生金融工具不仅更新快、数量多、种类多，而且被用于金融衍生品交易的趋势也越来越明显，其交易额度也令人惊叹。因此，有必要对衍生金融工具相关的会计问题进行研究。

4.3.1 衍生金融工具的概念及发展

自 20 世纪 70 年代以来，金融创新在世界范围内比比皆是，充斥在金融业的各个方面。在知识经济社会中，全球金融创新的统一步伐已经显现。现在，金融创新已经从第一阶段（现金、银行存款和商业票据、债券、股票等）发展到第二阶段（即衍生金融工具）。衍生金融工具，广义地讲，是指一种在未来结算的金融合约，其价值同既定利率、证券价格、商品价格、汇率、价格或利率指数、信用等级或信用指数或类似变量的变化而变化。它是在基本金融工具的基础上派生出来的金融工具，与同样受市场条件变动影响的其他类型合同相比，需要的净投资额比较少。它包括以基础金融工具为交易对象的期货、期权、远期、互换及其他有相似特征的金融工具。

根据国际清算银行（BIS）对全球金融衍生品市场的调查，截至 1995 年 3 月底，金融衍生品交易的未偿余额超过 57.3 万亿美元。

如果这些新创造的金融工具得以适当利用，有助于投资者合理规避投资风险、获得高额的投资回报。相反，则会给投资者造成大量损失，严重可造成倒闭与破产。衍生金融工具的产生与发展，造成现有的财务报告无法迅速、准确地披露和反映风险信息，所以无法在此基础上提出具体的风险防范方法。为了适应这种形势，对现行的会计体系进行全方位改革是必要的。

4.3.2 衍生金融工具的确认

4.3.2.1 确认标准的探讨

现行财务会计确认标准主要包括权责发生制和收入实现制，其是基于之前已产生的交易或事项而进行的活动，但不确认未来发生的交易或事项，这已受到知识经济的强烈冲击。为了能对衍生金融工具这一在知识环境下十分重要的会计要素进行报表揭示，必须要改变基于过去交易观的确认标准。

根据国际会计准则委员会的《财务报表编制和列报的概念结构》，具体的业务项目是否有资格列入财报的衡量标准："一是，涉及该项目的未来经济利益即将流入或流出企业；二是，项目的成本或价值可被准确地计量。"收益的获取是基于风险和回报的转移。由于风险是指未来经济利益流出企业，回报是指未来经济利益流入企业，所以根据风险报酬确认衍生金融工具符合国际会计准则规定的财务报告项目要求。关键的是，传统的资产和负债的概念确定了未来经济利益的流入和流出必须源于过去的交易或事件，但衍生金融工具不是如此。事实上，实际做法不符合权责发生制和收入实现制但被确定的现象是存在的，例如，融资租入的固定资产。所以衍生金融工具可以根据上述确认标准进行确认，将签订合同作为确认标准，而无须以交易或事项的发生为基础。因为一旦合同签订，若无意外，双方将按照签署方的意愿受到约束，以此产生双方的具体权利和义务。这时与衍生工具相关的大部分风险和报酬已经建立并转移。成熟的金融市场也给衍生工具提供了公允价值这一可靠的计量依据。然而，许多衍生品往往很难判断出风险和回报是否都已转移，这也是衍生金融工具确认的难点所在。

1997 年 3 月，IASC 提出采用金融合成分析法来确认和计量衍生金融工具。金融合成分析法是基于风险报酬分析法，研究其存在的问题而提出来的。在风险报酬法中，衍生金融工具及其附属的风险和报酬是紧密联系在一起的整体，倘若衍生金融资产的转让方依旧保留一部分同衍生金融资产有关的风险与回报，且被保留的这部分被判断为很重要，那么在资产负债表里的这项资产要继续被转让方确认，转让方要将转移收入看成是用于抵押负债。这样做最大的问题在于面临转移过程中风险报酬转移的不确定性问题，而金融合成法避免了不确定问题。将已被确认的衍生金融资产的再确认与终止确认的问题区别于因衍生金融资产转让合同而形成的新衍生金融工具的确认，转移方保留的风险和报酬可视为转移合约产物。不关乎由于已被确认的衍生金融资产转让而产生再确认问题时，金融合成分析法与风险报酬分析法都可以有效地在初始和最终环节确认衍生金融资产和负债并且产生相同结果。关于这方面的问题，金融合成法在确认标准层面上比较先进。衍生金融工具在签订合同时便可认定为衍生金融资产或衍生金融负债而不受传统的实现原则束缚。笔者认为，虽然这种方法仍存在不足，如何合理界定资产转移方放弃对衍生金融资产的控制权问题就是一个不确定的问题，但总的来说，以这种方法确认衍生金融工具在目前可最大限度地满足知识经济下财务报告对衍生金融工具揭示的需要。下面将以这种标准为基础，具体确认阐述如下：

4.3.2.2　具体确认方法

按国际会计准则 32 号"金融工具：列报和披露"中所定义，金融资产的内容如图 4-6 所示。金融负债的内容：一是对其他企业支付现金或其他金融资产的合约义务；二是在潜在不利时，同其他企业换取金融工具的合约义务。衍生金融工具，无论确认还是未确认，均符合以上定义。

4.3.3　衍生金融工具的计量

多数衍生金融工具具有"杠杆效应"，即让投资者利用较小的费用撬动比费用高出数倍的交易。这不仅给投资者带来巨额回报，也让投资者面临大量的风险，如市场风险、信誉风险、流动性风险、操作风险、支付风险等，在此基础

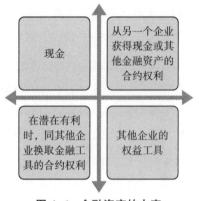

图4-6　金融资产的内容

上，正确决策所依据的信息受到决策者追捧。相关性必须是会计信息最重要的质量特点。因此，应根据决策有用性的度量观选择度量属性，使生成的信息满足信息需求者的主要需求。

　　衍生金融工具的收益受到价格波动的影响。信息使用者不仅关心他们的初始价格，还异常关心他们的风险以及他们对企业的影响力。公允价值是指双方相互熟悉且自愿、公平地进行资产交换或债务清偿的金额。公允价值作为一种计量属性所提供的会计信息比历史成本更符合使用者的需要，为投资者和债权人预测、比较和评价未来现金流量、时间和不确定性提供信息。衍生金融资产和衍生金融负债皆当以公允价值进行计量，以客观、公允地反映被计量对象的价值和会计主体经济活动的真实性。公允价值的采用能更好地反映信息相关性的特征。此外，与衍生金融工具相关性最强的计量属性是公允价值。因此，从理论上讲，衍生金融工具的计量属性应选择公允价值，特别是未来现金流量的现值，如表4-6所示。

表4-6　金融工具确认

	金融资产	金融负债
初始确认	企业仅是金融工具合约的一方时，需要在其资产负债表上进行金融性资产或负债的确认，正常渠道购入金融资产的确认时间存在两种情况：第一种是资产交付到企业的日期，第二种是在企业允诺交易日确认获得的资产和与之对应的负债；未至结算日（即所有权转移日），一般不对该资产和相应的资产与负债进行确认，以正常方式进行出售的资产是在资产交付给企业的时候确认的	

续表

	金融资产	金融负债
终止确认	只有当无法控制构成金融资产或其某部分的合同权利时，企业应该停止对该项资产或该项金融资产某一部分的确认工作；如果企业行使合同规定的收益权利、规定的权利过期或放弃规定的权利，则代表企业对这些权利失去了控制权，可以把此资产排除出其资产负债表；如果任何一方反映出让方对已转让资产依旧拥有控制权，则出让方便不剔除。终止确认时以下差额必须计入当期损益：交付给对方资产（或其某部分）的账面价值（收到或应收的款项，为呈现已报告于权益报告中的该项资产的公允价值而发生的前期调整）	只有金融负债（或其某一部分）消除影响时，就是当合同中规定的义务终止、取消或延期时，企业才能将其排除出资产负债表；将条款基本不一样的债务工具在出入方之间进行交换，这类业务属于旧债务的清偿，这会引起终止确认这项债务的同时又确认一项新债务工具；同理，大幅度修改现存债务工具条款，不论原因是否是债权人面临严重的财务困难，都应当作旧债务的清偿，清偿或转让结束给他方的负债（或其某一部分）的账面价值，与该负债花费金额之间的差额，应计入当期损益

4.3.3.1　初始确认的计量

衍生金融资产和衍生金融负债的初始确认需要根据成本计量。对于衍生金融资产，成本是指拒绝对价的公允价值；对于衍生金融负债，成本是指获取对价的公允价值。交易费用需要分别归入每种衍生金融资产和衍生金融负债的成本。

对价的公允价值一般根据交易价格或其他市场价格进行制定。倘若这些市场价格无法准确确定，那么需要依据未来全部现金收支的总额估计对价的公允价值；如果折现产生巨大的作用，那么先利用现行市场利率对现金收支进行折现。贴现率是适用于拥有同样信用评级的发行方的类似工具的现行利率（在货币、期限和利率类型或其他因素方面类似）。如果资产或负债的确认是由对冲确认承诺或预期交易产生的，直接计入权益的相关损益，在确认资产或负债时从权益中转出，计入资产或负债的初始取得成本或其他账面价值。

4.3.3.2　后续计量

国际会计准则委员会按照企业管理层具备的经营目标，将企业持有的金融资产与金融负债划分成三种，每一种金融资产和金融负债分别运用独自的计量基础。衍生金融工具也可以分为以下三类，本书根据利得与损失的概念对其进行改进如下：

企业长期持有或到期持有衍生金融资产和衍生金融负债的，原则上无须按照初始确认时的公允价值对公允价值变动形成的后续利得或损失进行处理。除非以下两种情况发生：一是证据表明企业拥有的资产可能遭受损害时，企业可以重新计量预计收回金额的折现值，由此产生的差额损失归入当期持有损失这一项目中，如不能按照原合同全额收回。二是企业持有的资产属于非定期资产或并非以固定资金收回的资产，其公允价值低于账面价值的，可以调整账面价值，调整差额同样归入资产持有损失这一项目中。该资产在预计持有期间的可收回金额不能确定的，可以按照预计可收回金额调整账面金额，由此产生的余额损失计入持有损失；但是，当面临预计可收回金额最终增加的情况，按增加额进行调整，一部分弥补因以前所计持有损失，若有剩余，在确认期间计入当期损益。

企业持有以保值为目的的衍生金融资产和衍生金融负债，应当以报告日的公允价值或现行市场价格为基础计量，公允价值或市价由于发生变动而形成的损益计入持有损益。

企业没有以长期持有或以保值为目的持有衍生金融资产或衍生金融负债至到期日的，计量基础要参照报告日的公允价值或当前市场价格。公允价值或市价变动形成的利得和损失应该直接归入当期损益中。

4.3.4 衍生金融工具的报表报告项目

4.3.4.1 长期、短期衍生金融资产

资产类。反映衍生金融资产的初始确认结果，即未来即将流入企业的经济资源。长期衍生金融资产是指企业打算将其长期持有（超过一年）或者持有至到期日（超过一年），除此之外为短期衍生金融资产。以期货合同为例，可划分为两个明细科目：实物与应收款。若是合同买方，在合同成交时按上述确认与计量原则借记"长期（短期）衍生金融资产——期货实物"，在交割或平仓时做相反分录冲平；合同卖方，在合同成交时按上述确认与计量原则借记"长期（短期）衍生金融资产——期货应收款"，在交割或平仓时做相反分录冲平。除非反映的衍生金融资产已不存在，一般价值不变化。

4.3.4.2 衍生金融资产价值调整

资产类的调整。遵循上述后续确认的原则，将衍生金融资产的初始价值调整为公允价值。公允价值 – (初始确认的价值 + 衍生金融资产调整科目借方余额)为正记借方，贷记"衍生金融工具持有利得与损失"；为负记贷方，借记"衍生金融工具持有利得与损失"，反映持有期间衍生金融资产初始确认价值与公允价值的差额。衍生金融资产从报表上剔除的同时，将该科目的余额一并转销。衍生

金融资产公允价值与衍生金融负债公允价值不能抵销的差额计入当期损益。

4.3.4.3 长期、短期衍生金融负债

负债类。反映衍生金融负债的初始确认结果，即未来即将流出企业的经济资源。长期衍生金融资产是指企业打算将其长期持有（超过一年）或者持有到期日（超过一年），除此之外为短期衍生金融资产。以期货合同为例，可划分为两个明细科目：实物与应付款。若是合同买方，在合同成交时按上述确认与计量原则贷记"长期（短期）衍生金融负债——期货应付款"，在交割或平仓时做相反分录冲平；合同卖方，在合同成交时按上述确认与计量原则贷记"长期（短期）衍生金融资产——期货实物"，在交割或平仓时做相反分录冲平。除非反映的衍生金融负债已不存在，一般价值不变化。

4.3.4.4 衍生金融负债价值调整

负债类的调整。遵循上述后续确认的原则，将衍生金融负债的初始价值调整为公允价值。公允价值 –（初始确认的价值 + 衍生金融负债调整科目贷方余额）为正记贷方，借记"衍生金融工具持有利得与损失"；为负记借方，贷记"衍生金融工具持有利得与损失"，反映持有期间衍生金融负债初始确认价值与公允价值的差额。当衍生金融负债从报表上剔除的同时，将该科目的余额一并转销。

4.3.4.5 衍生金融工具持有利得与损失

适用于全面损益概念的损益类，反映衍生金融工具（资产与负债）在持有期与公允价值的差额，与负债的调整科目相对应。贷方余额表示衍生金融工具的持有利得，也即衍生金融资产公允价值的增加或衍生金融负债公允价值的减少。借方余额表示衍生金融工具的持有损失，也即衍生金融资产公允价值的减少或衍生金融负债公允价值的增加。当某项衍生金融资产或负债从报表剔除时，将对应的此科目余额转入"衍生金融工具损益"。

4.3.4.6 衍生金融工具损益

损益类。衍生金融资产公允价值与衍生金融负债公允价值不能抵销的差额、"衍生金融工具持有利得与损失"在相应的资产与负债报表剔除时转入此科目。

4.3.5 衍生金融工具的表外披露内容

不论每一类衍生金融资产与衍生金融负债能否在财务报表中确认，以下四类信息都必须得到披露：

（1）关于每一类衍生金融工具的范围及性质的信息。企业要确定衍生金融资产和衍生金融负债所采用的会计政策以及会计准则。企业要突出已确认衍生金融工具在会计实务中的确认依据和计量属性；对于未确认的衍生金融工具需要明确未确认的原因。同时企业也要明确可能影响企业未来现金流量的金额、时间规划及风险的重要情况和具体信息。具体而言，是指衍生金融工具的票面价值、设定价值、名义价值以及其他类似金额价值；票面利率或利息金额；其他定期还本付息日、到期日以及注销日；担保或者抵押。

（2）关于利率风险的信息。利率风险是指衍生金融工具的价值受变化的市场利率的影响而变化的风险。企业需要披露每种衍生金融工具分别与利率风险关联的会计信息，具体分为如下两个层面：一方面，每一类衍生金融工具的账面价值应按特定期间划分，将报告日至重新定价日或合同到期日的较短期间作为特定划分期间。另一方面，一年到五年的不同于超过五年的；五年以上的确定依据是基于实际利率或者加权平均利率和市场利率。

（3）关于信用风险的信息。信用风险的概念是衍生金融工具合同一方因另一方未能履行其义务而遭受的最大损失。企业必须披露同各类衍生金融工具相关的信用风险，具体内容有：在合同另一方无法履行合同义务的情况下，企业在无须考虑任何抵押品公允价值时有可能遭受的最大限度的损失；但是，当企业采用会计政策收回抵押物时，需要披露一个债务人或一组具有相同特征的债务人（即其履行债务的能力受到类似经济或其他条件的影响）造成的信用风险集中。衍生金融工具的信用风险实际上换句话说就是与之关联的衍生金融资产的公允价值（市场价值），但该价值不能通过抵销衍生金融资产和衍生金融负债后的净值表现，而只能用抵销前衍生金融资产的市场价值来表示。

（4）关于衍生金融资产和衍生金融负债的公允价值的信息。公允价值是企业公平、自愿地更换资产和减除负债时产生的价格。衍生金融工具的公允价值需要得到披露，如图4-7所示。

图 4-7　衍生金融工具公允价值披露内容

4.4　分部信息披露

知识经济时代仍是一个企业大型化、集团化和跨国兼并浪潮迭起的社会，因此分部信息的披露也十分重要。

4.4.1　分部信息报告及其作用

分部报告的定义就是把某一企业旗下全部附属机构的重要财务情况与经营成果信息根据行业、产品类别等分类标准进行归类报告，以此向内外部环境中各种会计信息用户详细提供企业各个部门相关财务信息的财务报告。分部信息披露主要作用如下：

4.4.1.1　对管理者而言

单个企业集团可能经营成千上百种行业，可能生产成百上千种的产品，经营的场所处在不同的地区或不同的国度。每个行业获取的利润比率、经营机遇、发展前景和投资风险各不相同，不同的地区或国度的税收、金融或其他与企业密切相关的经济政策对企业的业绩将有不同的影响。因此，分部信息报告的出现可以帮助集团管理层实时知晓公司每个行业和地区分部的经营情况，有助于集团整体规划的制定。

4.4.1.2 对企业外部会计信息使用者而言

在决策过程中，企业外部信息的使用者必须同时考虑投资收益和投资风险的问题。然而，对于一个跨行业、跨区域的企业集团来说，风险和收益往往取决于企业所处行业的类别和现状、区域地理条件和经济政策。实证研究的结果显示，在这些条件相同时，对于披露分部信息的企业来说，其未来经营收益和经营风险方面的分析情况要更准确于未披露分部信息的企业。例如，Kenny 和 Collins 相继发现，相对于只基于合并数据的预测模型，基于行业细分数据的预测模型存在更小利润误差。

4.4.2 划分分部的基础

企业应该按照机遇与风险进行分部的划分，将同类机会和风险的业务归为同一类，单独反映机会与风险同其他业务不同的业务。企业只有在能更好反映一个企业面临的机会和风险时，才提供分部的信息。

4.4.2.1 按产业划分

企业在对外提供分部报告时，划分分部的方法应当与为内部管理目的而作的划分相一致，应当做到：

第一，考虑企业开展经营活动的方式。如果一个企业的某些产品或某组产品都建立了不同的职能部门，那么可以说，这个企业是多分部的。例如，企业为某组产品成立了营销部门，而别的产品则没有这样的部门，这时，可以认为这组产品是一个报告分部。

第二，考察分析者在其提供的报告中对企业的划分。如果分析师没有提及这个企业，则可参考分析者对其竞争对手的分部是如何划分的。

第三，考察竞争对手产业分部的定义。竞争对手所划分的产业分部，可作为企业划分分部的参考，但不能以此为借口而报告过少的分部。

4.4.2.2 按地理区域划分

如果有关市场区域和生产区域的信息能深入反映企业的机会和风险，则企业以市场区域或生产区域或同时以两者为基础，提供分部信息。分部的范围，取决于企业各部分所面临的机会和风险。这样，可将单个国家里的单个区域划为一个分部，也可同时把几个国家一起视为一个分部。

　　企业要基于披露的产业分部，进一步披露产业内部的地区分部。这样做的前提是能深入了解各产业面临的机会和风险。对外提供的地区分部信息，应当与企业提供给高层管理部门和董事会的信息相一致。

4.4.3　应当提供的分部信息

　　用户理论上想得到完整的有关产业和地区分部的信息，然而却因成本较高而无法达到。报告企业常常将分部信息限制在企业能够提供的关键财务指标的范围内。如果企业为了内部管理需要已经取得，或者虽然尚未算出关键财务指标，但是计算这些指标的数据已经取得，且不需要进行人为的分配，那么可以说这个企业已经掌握了某个关键指标。

　　为满足分部信息的披露，分部报告的关键指标很重要，并要求说明这些指标在产业或部门间是否存在差别。按 AICPA 的建议，关键指标应包括多个指标，如图 4-8 所示。

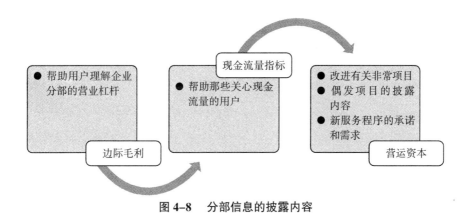

图 4-8　分部信息的披露内容

4.4.4　其他应披露的分部信息

　　分部变动时，应重做以往编制的分部信息，企业调整关于行业部门与区域部门的口径是常有的事。当分部口径改变后，如能获得相关数据而且重新编制对企业经营有利，那么应重新编制或分类以前编制的分部机构信息，否则无须重新编制或分类。披露格式应与相关汇总数据相协调。因此，通常需要建立一个调整项目，以包含未作为部门报告的数据。应在报表附注中详细说明未予合并的被投资企业的情况，对于比较重要的被投资企业，则应当予以特别说明。

4.5 前瞻性信息披露

本节在分析信息披露财务治理功能基础上，对企业现行前瞻信息披露的特征及存在问题进行阐述，为进一步完善企业信息披露方式确立根基。

4.5.1 会计报告信息披露格式

4.5.1.1 财务信息披露

大致来说，将有用的决策信息纳入企业会计报告有两种方式：一方面，把财务报告作为一个整体章节纳入会计报告；另一方面，披露关键的财务数据在会计报告中，将会计报告和财务报告这两个报告进行交叉索引。第一种方法有利于利益相关者从会计报告中了解披露的全部相关信息，实现完整的会计报告内容，可是同样也会导致会计报告变得冗长。第二种方法将会计报告披露的内容简洁化，促进报告使用者料及各种信息之间的相关性。然而，利益相关者仍然需要财务报告来帮助阅读，并且没有有效地整合它们。在完善会计报告模式的初始阶段，不受财务报告整体是否纳入会计报告这一问题的束缚，企业都可以单独披露财务报告。随着企业会计报告模式日益完善，报表使用者对企业会计报告的接受程度也会逐渐提高。

4.5.1.2 非财务信息披露

企业会计报告中的财务信息披露可以严格按照会计准则的相关规定，根据标准规定的模板和格式进行，但在涉及非财务信息披露时，企业被允许发挥主观性。企业非财务信息的披露存在两种方式：第一种是根据财务报告的报告格式对非财务信息进行反映。第二种是将非财务信息叙述性地融入企业的战略结构、经营风险和未来机遇等方面的信息中。企业在披露经营战略、治理结构等内容时，也可以加入相关的非财务信息。编制会计报告时，企业在披露非财务信息时应注意并讨论利益相关者的提议，努力健全非财务信息的披露制度。

4.5.1.3　风险及应对披露

被视为企业会计报告信息披露的关键内容之一，企业风险及其应对措施通过企业披露的程度帮助利益相关者了解企业风险点。利益相关者无法从简单列出的风险中深入了解企业风险。企业会计报告在披露风险时，应当考虑企业的战略目标，叙述清楚确定、管理和减少影响企业创造价值能力风险的程序。企业会计报告应寻求多元化的风险应对披露模式，避免死板的"模板"披露。

4.5.1.4　机会与风险信息的披露

第一，披露的机会与风险应满足的条件。不是所有的机会与风险都需要披露，只有符合如表 4-7 所示的机会与风险才需要披露：

表 4-7　符合披露的条件

符合披露的条件	诠释
近期机会和风险	机会和风险将不会全部在未来发生
重大的影响	涉及机会和风险的重大影响问题需要权衡三个因素：发生的概率、潜在影响的程度、潜在影响的时间
特定的或不正常的机会和风险	特定企业的机遇与风险，或是企业在正常条件下未曾面临的机遇和风险
有助于预测现金流量或收益	如果无法披露机遇和风险，将会不利于用户对企业未来现金流量或收益的判断
限于管理部门在经营活动中已确认的机会和风险	企业应该披露以上符合条件的各项机会与风险的性质，同时需披露引发机会和风险的各种趋势、需求、承诺和事件的特点，还要披露其对未来关键收益与未来关键现金流量的影响

第二，在决定机会与风险是否重要、披露这些机会和风险是否有助于投资者和债权人时，管理部门应当综合考虑以下三个因素：趋势、承诺、事件等出现的可能性在增加；潜在影响趋于出现；对财务状况、核心收益、净利润、综合收益或现金流量的潜在影响范围在扩大。分别将各类机会和风险予以披露。关于变现风险的披露需要侧重于财务弹性，其指一个企业为满足其现金需求和机会的能力而进行未来现金流量的调整，需求和机会包括预期的和未预期的两部分，如图 4-9 所示。

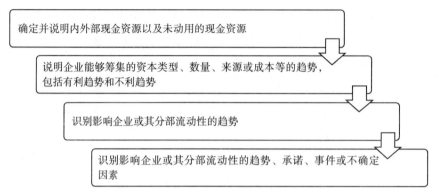

图 4-9 预期的和未预期的需求和机会

第三，机会与风险披露的原则。管理部门在运用重大影响概念决定可披露的机会与风险时，应当遵循以下原则：①如果趋势、需求、承诺或事件将趋于发生，或潜在影响比较大，则应当予以披露。②如果发生的可能性很遥远，则一般不需要披露。然而，如果潜在影响比较严重，比如已威胁到企业的生存，则应当予以披露。③如果潜在影响已经严重削弱或骤然改变企业的经营，且发生的可能性较大，则应当予以披露。

在潜在影响发生时，一般来说，所要披露的机会和风险应当是在可预见的将来对企业有影响的。这里的"可预见的将来"一般不超过三年，且管理部门可能无法把握出现的可能性、潜在影响的范围以及潜在影响的时间。如果管理部门实在不能把握，则应当衡量一下，如果有可能发生、范围比较大、影响就发生在近期，披露这些信息是否有助于用户。

第四，机会与风险的类型。在确认满足披露要求的机会和风险时，企业可以将其划分为以下类型，并对各类别的机会和风险分别披露。需要注意如图 4-10 所示几种情况。

4.5.2　智力资本信息披露

随着科学技术的进步和信息化的兴起，社会已经步入知识经济社会。知识已经变成社会经济发展的关键要素从而代替了传统经济生产要素的地位。在人类社会里，知识推动经济发展。经济合作与发展组织赋予知识经济的概念是基于知识和信息的生产、配置和消费的经济，提出知识是改善生产效率、促进经济发展的引擎。知识和信息在经济中占据前所未有的地位，知识经济是一种全新的经济

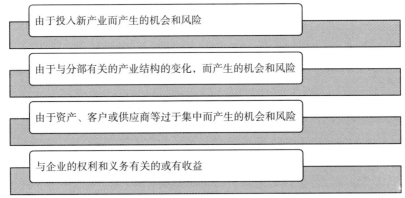

图 4-10 机会与风险的类型

形态。

  人类从农业社会、工业社会过渡到知识经济社会，每种社会都存在最稀缺的资源。农业社会中主要资源是土地。在工业社会，资金是关键。在知识经济社会，最珍贵的资源是智力资本。从现代经济学鼻祖亚当·斯密开始至近代经济学大师凯恩斯，企业管理哲学都充斥着新古典经济学的影子。资本、土地或劳动力一直是新古典经济学的关键战略要素。然而，在知识经济时代的今天，企业不再以简单的金融资本或资本、土地、劳动力等传统生产要素作为关键战略要素。科技变成竞争优势的核心，知识日益在企业资源中凸显地位。知识经济是基于知识的、富有活力的新型经济，创新驱动知识经济的发展，教育、文化和技术研发成为知识经济社会中的首要产业，高层次人才成为企业最核心的资源。知识经济的发展脱离物质资源的规模和数量的限制，取决于人们的知识、组织能力和创新能力。经济发展依靠知识创新和有效信息的查找、分析和运用。

  知识资本相关的信息是企业外部所有利益相关者关注的核心内容，但现行知识资本方面的信息披露承受诸多挑战。

4.5.2.1　难以纳入财务报表内进行反映和报告

  美国财务会计准则委员会提出的《财务会计概念公告》指出，项目在会计核算过程中必须具有可被定义、可被计量、相关和可靠的特点，如此才能在财务报告中被反映和报告。然而，大部分智力资本无法被量化，无法达到当前会计制度的要求。按照这一原则，唯有在一个项目能够被企业完全占有或掌控的情况下，才会拥有被确认为资产的资格，智力资本无法满足此要求，有时知识资本的最终所有权并不存在确切的所有对象，它的直接所有权并不属于企业，而是来源于管理层和员工。可靠性和可测量性是影响智力资本进行会计识别的因素。依据可靠性和可测量性，可被货币计量是进行识别和记录的基础条件。然而，智力资本通常无法满足可测量性这一基础条件。知识资本的历史成本一般无法确定，由于不存在竞争性的智力资本市场，所以无法通过市场竞价确定智力资本的公允价值。知识资本在未来的报酬具有高度的不确定性，运用智力资本计算未来报酬的现值也很难确定其公允价值。综合以上原因，智力资本一般难以在财务报表中披露。

4.5.2.2 通过表外披露的方式传递信息效率低下

有学者认为，虽然智力资本在财务报表中难以量化、反映和报告，但表外自愿披露可以帮助企业对外传递知识资本的相关信息。然而，表外智力资本信息披露的效果也不理想。

第一，披露企业数量很少。目前，一些发达国家的少数企业试图以自愿披露为渠道进行外传智力资本信息，大多数企业很少对外披露智力资本信息。"智力资本"对大多数企业而言依旧陌生，他们甚至不了解自愿披露的具体步骤。

第二，向社会公开的智力资本信息不全面。根据当前理论与实践的研究，智力资本内容多样，包括人力资本、组织资本以及关系资本。人力资本是指同专业内容相关的知识、教育层次、就业资格、创造性以及适应性。组织资本是指工作相关专有技术、发明专利、相关知识产权、企业管理理念、组织文化、监管程序、计算机网络系统、财务结构等内容。关系资本主要包括公司信誉、品牌文化、顾客满意度等内容，但是当前只有少数知识密集型企业相对全面地披露知识资本信息，而大多数企业通常零星地对外披露少数知识资本信息，这些缺乏系统性和全面性的信息在年度报告中展现给组织外部。

第三，缺乏标准的披露模式。对于企业对外披露智力资本信息的方式，既可以定性描述，也可以采用定量报告，还可以采用定性与定量相结合的方式。它们之间没有标准统一的样式，每种方式的报告方法也存在区别，企业既可以披露在报表附注中，也可以以独立知识资本报告的形式具体披露。知识资本信息不存在标准化的披露模式，因此缺乏可比性，也极大地减少了知识资本信息展现出来的价值。

4.5.2.3 智力资本信息披露缺乏相关性和可比性

综观整个中国市场，我国范围内的上市公司面向社会所披露的财务信息质量仍然较低，披露的财务信息包括智力资本信息。现在只有少数知识密集型企业自愿向社会各界公开智力资本信息，即便如此，这些企业的信息披露质量也不理想，这很大程度上反映了企业披露的智力资本信息缺乏相关性和可比性。相关性的具体要求是：企业在进行财务会计信息的披露时，企业必须真实全面地提供有助于信息使用者决策的相关信息，促进决策的正确性。但是，我国披露的知识资本信息迄今为止并没有这种相关性，存在部分公司披露了较多却对投资者无作用的智力资本信息。例如，万家乐公司根据年报中披露的关于尚德电气合资公司对其资产负债结构的改进作用，开始集中资源经营其名下的厨卫电器产业，调整企业结构和优化经营流程，纵向拓宽、横向丰富销售渠道，强化市场开发，完善研发模式，提高产能效率并全面整合供应链，公司也将采取活跃的经营战略，为低成本销售准备条件。通常来说，投资者参考企业未来的经营计划来分析企业将来的经营前景和采取投资行动。但万家乐提供的结构性资本中的经营战略信息是笼统的内容，看不到确切方案，因此投资者无法从中了解公司未来的发展前景，投资者的决策无法从中获益。

此外，企业披露的信息缺乏可比性。可比性也是智力资本信息极其关键的品质。基于我国未强制规定披露智力资本信息，目前上市公司依靠自身意愿披露智力资本信息，各企业披露表外信息的方式多种多样，缺乏统一标准。表外披露智力资本信息的各个企业关于人力资本与财务关系大同小异。这是由于我国财政部会计司明确规定企业需要在年报项目中披露"董事、监事、高级管理人员基本情况""公司董事、监事、高级管理人员变动情况"等相关的人力资本信息，"公司职工人数"，以及"股东总数和大股东持股""原股东持股""控股股东和实际控制人介绍"等相关的财务关系。但因为国家对智力资本信息其他方面的披露不存在规定和强制要求，这些智力资本信息披露的区别很大。这些情况还只针对自愿披露。企业可以有选择地披露自身的优势，因此形成披露信息的不可比性。

4.5.2.4 智力资本信息披露不够集中和系统

首先，上市公司知识资本信息披露分散在董事和高级管理人员的介绍、员工和董事会报告等方面。内容分散方式类似于人力资本信息，其一般在董事、监事及高级管理人员介绍和员工介绍之中反映；客户资本信息通常反映在董事会报告中；而结构性资本信息零散地列入股东和实际控制人的介绍，比如股东和实际控制人，也有的零散在董事会的报告中，比如企业的管理流程和发展战略。

其次，上市公司未系统性地反映知识资本信息。迄今为止，上市公司仍未全面地对智力资本展开披露。上市公司年报披露的信息仅反映了包含智力资本要素的信息，未对智力资本分类披露特定信息，详细来说，没有按照人力资本信息、结构资本信息和客户资本信息进行系统的披露。

总的来说，完善我国上市公司智力资本信息披露制度，有赖于各方的努力。对此，学术界既要加强对智力资本信息披露理论的研究，解决智力资本无法被计量这一问题，冲破财务报告的束缚；又要通过有关部门的监督和管理，为解决智力资本披露过程中现存问题共添一份力。完善知识资本理论研究同构建利益相关者会计都是长期性的，所以激励企业通过表外自愿披露知识资本内容的方式是一个有效的途径。自愿披露是强制披露的重要补充。提高自愿披露的程度是促进上市公司与投资者有效沟通的重要渠道。但我国上市公司不愿意披露自愿信息，自愿信息披露制度也不规范，因此，需要引导和规范上市公司对会计信息披露的程度，借此解决目前知识资本信息披露的难题。

4.5.2.5 资本报告需要在我国推广

智力资本不仅难以确定和计量，而且重要的是在具体实践中缺乏相关的理论依据，现实各种原因限制了我国智力资本会计的运用范围。鉴于自身利益，当前许多企业没有意愿披露智力资本会计信息。但是仍然有不少企业以吸引投资为目的，希望投资者了解企业在顾全当前利益的同时更注重企业长远利益，将此作为披露智力资本信息的目的。企业希望其决策者与相关投资者借此知晓全面系统的企业智力资本信息，做出合理决策，也希望投资者认为市场存在低估企业将来的可持续经营能力与投资回报的可能。尽管刚开始投资智力资本时，企业向公众公布的财务报告看起来可能很糟糕，但长远看他们的企业是值得投资的。

我国对智力资本理论与实务的研究还处于起步阶段，缺乏理论指导，可以说不存在具体的工作实务。现阶段我国需要从以下几个方面展开措施，促进企业智力资本报告披露模式的发展。希望通过减少智力资本内容的不确定性，改进上市公司内部治理工作，解决上市公司智力资本信息进行报告时存在的问题。

首先，政府部门要鼓励关于智力资本报告的理论研究，同时给予对应的指导和服务。一是要分析国外现有的智力资本报告，借鉴国外相关实践的成功经验。欧盟和丹麦在知识资本报告方面都有成功的做法，值得借鉴。二是促进高校和科研机构对智力资本的理论研究，为实际实践给予理论指导。我国上市公司当今知识资本信息披露不全面的主要原因是缺乏一整套的理论指导。有关政府机构应加强不同观点和模式在智力资本的含义、确认、计量和报告等方面的沟通与平衡，在强化现存研究成果的基础上，整合各个流派的观点形成一个统一的智力资本理论框架。基于上述活动，最终需要思考创立知识资本信息披露规范体系，规范该信息的披露过程。政府部门对知识资本信息公开过程进行强制的协调和要求，可以促进知识资本信息全面、规范地公开。智力资本的内容在当前会计模式下无法全面地反映于财务报表中。因此，企业可以利用单独报告智力资本向外界传递智力资本方面的信息。

其次，企业组织需要投入到知识资本的披露实践中。智力资本是企业的关键资源，这一关键资源的使用情况在财务报告中以智力资本信息表现。当企业报告中的智力资本信息中包括决定企业生产经营决策的关键经营信息，极易让竞争对手夺取在产品市场竞争中的竞争优势，导致企业的竞争劣势成本增加。企业核心竞争力理论谈到，核心竞争力指的是公司核心产品或服务中潜藏的知识和技能，或者是知识和技能的组合。核心竞争力有助于维持企业持续的竞争优势，获取长期的超额利润。智力资本在企业核心竞争中占据核心地位。因此，企业管理者需要认识到，在知识经济社会中，知识资本在企业获取竞争力中的关键影响和核心地位，管理者要关注知识资本的培养和发展，积极推动企业知识资本报告的披露。展示企业的竞争优势，吸引投资，并且增强企业的核心竞争力是企业披露智力资本报告的目的。

最后，规范智力资本内容的披露方式。上市公司当前不存在标准的智力资本信息披露方式，该相关信息的描述分散在年报各个部分中。此外，企业缺乏对智力资本的深刻认识。因此，自愿性制度下披露的智力资本信息必然存在一定程度的主观性和随意性，这导致企业之间不可进行比较。有关部门需要规定一套标准的知识资本信息披露制度，如表4-8所示。传统的法律制度以物权为根本，重视保护金融资本。知识资本没有相关的文件定义和保护规定。因此，现行会计准则只对经济主体和物质资本进行了定义和要求，压根不涉及知识资本的识别、度量和报告。若要促进智力资本的实践运用，避免其停滞和困难，有关部门需要尽快整改会计准则，建立一套全面、系统、可信的智力资本会计准则。

表 4-8　智力资本信息的披露体系

披露体系方法	目的	内容
成立专门小组	监察智力资本信息披露过程的协调和规范行为	依靠专门小组、权威组织机构来平衡和规范智力资本信息，强化企业间智力资本信息的可比性，努力实现规范智力资本信息披露流程
监督会计处理程序	智力资本程序标准化	制定相关法律法规来规范智力资本的识别、度量、记录和报告

4.5.3　企业财务信息披露现状解析

随着现代企业所有权与经营权日益分离，利益相关者之间获取的企业财务信息无法对称，这要求企业内、外部利益相关者相互传达企业相关信息，加强信息披露，透明化企业信息，保持会计信息供需方面平衡，否则，极易造成内外部利益相关者因信息造成的分歧，财务部会计人员的工作质量与效率将得不到保障。

4.5.3.1　信息披露的财务治理功能

为解决信息不对称的问题、有效地约束代理人以保证代理行为站在委托人利益的角度，委托人需要提高企业信息对外披露的程度，保证信息的完全可靠，方便监督代理人。因此，信息披露可以转化为一种监督机制。企业重视自身信息披露的现状，有助于自省财务监管制度并进行完善和巩固，强化利益相关者之间的信息共享，提高信息用户决策准确性。

国企改革的方向是现代公司，现代公司内部治理重视监督机制。完善国有企业内部信息监管制度，是构建监管体系的关键环节和重要措施，有助于提高企业财务治理效率和质量。市场的存在能够抑制国有企业的贪污腐败，帮助监督机制抑制内部人员的权力，补足监管漏洞，为国有企业规范化经营创造良好的制度环境。

4.5.3.2　企业信息披露的特征

企业包括民营企业和国有企业两种类型。企业信息披露的特点在这里主要以国有企业为例来解释。

理论上，国有企业由国家掌控，这种现象必然成为国有企业信息披露和定义中的主导信息，有利于突出自身的产权信息优势。但现实情况是，管理者主导信息披露，导致国企所有者与管理者、内部与外部利益相关者之间信息严重不对称，甚至出现异常现象。根本原因如下：

首先，在委托—代理网络下，即使政府对国有企业拥有剩余索取权，但现实是该功能无法有效发挥作用。剩余索取权与剩余控制权一旦缺失其中一种权利，两种权利就不平衡，从而产生合作双方信息方面不对称的现象，剩余控制权能够获得合同中未涉及的某些决策权，继而决定了信息治理权和放弃信息权发挥的空间。

其次，政府官员代理地位的特殊性导致其失去了与国企管理者对信息治理博弈的基本动机。

最后，国有企业的委托—代理制度会引发信息反向传递，由于官员与管理者的业绩压迫，此过程层层粉饰的财务信息必将作为披露的对象。此外，国有企业多样性的经营目标增加了财务信息失真的可能性。

以上国有企业的特征引发了其披露时存在信息造假、报表粉饰、披露内容偏主观与信息滞后等弊端。

首先，虚假披露和操纵利润现象严重。虚假披露是对相关事项进行不同于真实情况的目的性表述，通常有数据造假、故意错误叙述和重要事项漏洞。数据造假是藐视可靠性的现象，对社会的危害程度非常大，信息用户会因此做出错误决定，企业的经营活动无法得到真实的反映。国内曾经出现"琼民元""银广夏""康美药业"等真实案例，这些都暴露了我国经济市场信息监管机构和监管制度急需改革和完善的现象。盈余操纵并不等同于虚假披露，但它同样能够掩盖企业的财务信息和经营绩效信息，引发错误决策。比如，为了避开"鞭打快牛"现象，国有企业往往不约而同地完成预算控制目标和既定的绩效任务。考虑到我国证券市场的相关政策，大部分上市公司为了达到自己的目的或政策条件，往往需要利润操纵，诸如前后年一亏一盈反差巨大、收益率刚好达到要求的怪异现象层出不穷。

其次，披露的信息内容不全面、时间存在滞后性、行动缺乏主动性。会计信息内容不全面是指披露的信息无法全部覆盖真正信息或者与真正的信息无关，存在有目的性地夸大或隐瞒真实情况，误导信息用户，引发错误的决策判断。外部相关者无法判断其报告的真实性，该公司股票剧烈变动导致投资者利益受到严重的影响。会计信息的及时性能够提高利益相关者做出判断的速度，避免了因信息滞后带来的信息失真。然而，国有企业管理效率较低，权责不明确，通常无法及时获取、消化和传达会计信息，滞后的信息导致会计信息的真实性降低。

最后，信息披露内容简单化。一方面，目前财务报告制度反映的信息大体偏向于历史信息，集中于反映企业以往的经济事项和成果。它对企业长远发展前景的叙述较少，如利润预测等信息，无法达到信息用户对企业将来价值发展估计的要求。投资者、债权人等利益相关者侧重于企业未来的价值生产能力和偿债能力方面的信息。另一方面，行业的发展离不开环境变化的作用，会计信息披露模式也需要实时适应动态的会计环境。然而，由于目前某些信息，诸如未决诉讼或或有负债等不确定内容，报告缺失或者相当简单，导致信息用户难以做出决策。

4.5.4　提升企业财务信息披露质量的对策

信息披露能够强化市场经济的监管环境，也能完善企业内部治理的制度。《国有企业法人治理指引》中提到，国资企业的一切业务活动要站在广大群众的利益上，按照国际现存的会计准则和审计准则进行信息的计量和报告，保证全过程的透明。《国有资产法》要求，政府相关机构需要面向社会公布国有资产的相关信息，确保国企受全体大众的监督。国资委原主任李荣融曾在中央企业领导会议上表示，企业资产被看作市场竞争发展时的潜在资产，必须受社会公众的共同监督，财务信息要高度透明，这是对上市公司与非上市公司的双重标准。由此可知，企业信息披露监督体系与制度在国内外受到广泛认可，是历史发展的趋势，对全社会经济监督体系建设至关重要。

4.5.4.1　完善内部财务治理，建立信息披露的内部管理体系

由于多数企业依旧面临所有权结构不合理、股权主体缺乏、内部监督不力等财务治理结构问题，导致信息披露质量受到约束，进一步完善企业内部财务治理结构能够提高信息披露的质量。

首先，采用所有权结构多元化，引起利益相关者信息需求的有效性。多元化产权是企业普遍需要的，这刺激投资者和其他利益相关者将注意力置于公司日常经营，继而产生有效的信息披露需求，帮助企业改善识别信息问题的能力，颇有成效地解决国企缺少需求、辨别能力差等关键的信息问题。特别是某些投资者如果股份数量变多，那么报表披露需求也会增加，对财务决策和财务监管具有影响力，减少国有企业控股股东在权利方面的主导地位以及经营者人为操作信息报告的现象。研究结果表明，机构投资者占比不断提高，盈余管理受到企业人为操纵的次数将下降，因此提高会计信息质量也将实现。根据实证研究，娄宇证实了公司的透明程度和信息披露质量共同与投资者持股比重成正比。

其次，促进董事会制度的完善。现代公司治理结构形成了经营管理以董事会集中的现象。董事会成为信息披露的实际主体，其必须提供及时、可靠、相关、全面的信息以满足利益相关者的信息需求。为防止控股股东控制董事会来达到操作公司财务的目的，应增加非执行董事和独立董事在董事会中的占比，非执行董事应该加强制约经营者操纵信息披露的一系列行为，独立董事应减少控股股东剥夺部分股东知情权的相关现象。特别是引入独立董事制度这一行为对加强财务监督和控制有促进作用，能够有效弥补监事会监督职能漏洞。王家胜运用实证研究，证实了董事会结构和财务信息质量之间的关系：独立董事在董事会中的占比与财务报告质量正相关，而执行董事在董事会中的占比却和财务报告质量呈明显负相关。

再次，促进监事会监管制度的完善。作为企业内部治理的重大组织，监事会承担着信息监督的职责。为有效制约企业中个人或组织的权利，监事会不仅由外部监事、股东监事和职工监事三类人员组成，而且各类监事的比例也受到要求，这起到强化监事会监督权的作用，达到权利的有效制衡，形成完善的治理制度，帮助企业及时察觉和整改失真的财务信息，最终提高企业披露的信息质量。

最后，完善企业内部的信息披露管理制度。信息披露管理制度由信息披露、信息产生、信息流传和信息监管构成。信息披露由董事会这一专门机构负责，具备权威性；企业管理层负责信息产生；信息监管作为一个关键环节则是在监事会和董事会协同运作下发挥作用；信息流传由于涉及的范围广，被董事会秘书和证券事务代表全权负责。其中，财务信息的质量取决于财务信息形成过程中是否受到人为操纵的影响。为了避免管理者粉饰财务信息，必须加强约束财务总监、独立董事和审计委员会对信息编制过程的干扰，避免出现错误信息。信息流传的速度受到信息披露过程的影响。互联网是成本最低、效益最高的渠道，信息披露者应该有效利用互联网这一渠道。

4.5.4.2 完善外部财务治理，建立信息披露的外部监管体系

首先，完善信息披露制度并坚决按规定实行。信息用户想要获取高质量的信息就必须建设标准化的监管法律法规。我国目前类似于《会计法》《证券法》这样的一系列法律法规是受到广泛认可、同企业内部监管相辅相成的，但问题还是层出不穷，比如缺乏成熟的制度、违法处罚不够。美国《萨班斯—奥克斯利法案》等较成熟的信息披露法规极具借鉴意义，我国需要强化这一方面的建设，面对信息监管需要加大执法力度，加大对信息欺诈的惩罚力度，并采取巨额罚款、终身

不得进入证券市场等严厉处罚措施来惩罚信息披露质量负责人员的错误，凡触犯《刑法》的情况，必将追究刑事责任。

其次，加强对职业经理人市场的建设。作为一个素质水平较高的市场，职业经理人市场能够引导积极性和自律。为了追求较高的信誉与个人价值，管理者需要具备高水平的专业知识，以此来帮助自己不断提高业绩，在市场上脱颖而出。如果虚假的"账面财富"是依靠粉饰财务信息获得的，那么管理者会面临名誉扫地和入狱的双重风险。管理者在很大程度上决定了信息的真伪，加强建设职业经理人市场的法规与道德体系能够从源头上避免信息失真。

最后，提高注册会计师审计的独立性。我国国内的国有企业的信息披露都依赖注册会计师独自完成审计工作。然而，关于委托审计业务的控制权和收益决策权事实上皆被企业管理者掌控，注册会计师不具备完全的独立性。面对这个问题，国有企业可以把风险转移到保险公司，通过购买企业的财务报告责任险，将委托业务的控制权交到保险公司手中。一旦发现信息披露存在问题，保险公司应承担相应的后果。为了降低该项业务的风险，保险公司必然严格筛选委托的会计师事务所，也必然会对其工作内容和工作程序严格要求。这一举措能够避免审计人员与国有企业管理者产生直接的经济利益，从而提高注册会计师在工作过程中的独立性。

另外，信息披露的外部环境方面也需要措施进行治理，其中类似于银行相机治理和营造社会诚信环境这样的方式也是可行的，通过多层面多维度的措施促进信息披露过程的监督管理体系实现进一步完善。

4.5.4.3 加大法律法规执行力度，满足硬性披露内容标准

首先，满足会计准则的披露规则。各条会计准则的最后一章都对企业做出了硬性的规定，企业必须根据要求在报表附注的特定位置披露相关的信息或报告的项目。当国有企业运用新颁布的会计准则作为报告的标准时，可能因为监管部门监察力度不够严格或者因为追求信息披露过程产生的低成本，所以新准则的实施还没有严格地得到全面的落实，这些情况阻碍了披露信息传递的准确性和全面性。但事实上，会计准则确切要求被披露但在实务中少被披露的事项至少包括：关于合营性质的企业和联营性质的企业大致全面的财务信息，这些大致的信息主要涉及资产、负债、收入、费用等关键项目的总金额；即将处理的固定资产的具体名称及其目前的账面价值，仍待处理的固定资产目前的公允价值、预期处理所

耗费的成本以及预期处理所需花费的时间；寿命有限的无形资产当前使用寿命的预计和无形资产当前使用寿命做出不确定判断的合理依据；关键资产的减值情况，确定特定资产可收回金额的具体操作方法和预期合理依据；针对员工发放的非货币性质的福利及其发放标准；或有资产未来给企业带来经济流入的可能性很大时，必须对这项经济流入形成的具体原因和预期用于何时何处进行披露；明确递延所得税资产的可抵扣暂时性差异产生的原因和确定可抵扣亏损额的具体数值；对于非同一控制条件下的企业合并问题，确定被购买方上一会计期间资产负债表和购买日各项可辨认资产和负债的账面价值和公允价值的计量方法和计量依据；母公司直接或者利用旗下子公司间接占据被投资单位未过半数却依旧放入合并报表的具体理由。实施新会计准则的国有企业必须根据新准则里的具体披露要求或报告项目要求，在企业的财务报告，尤其是重要的企业年度财务报告的附注里，以真实和准确的要求表现企业生产经营活动中资产、负债等各项会计事项和特殊经济交易，比如债务重组和或有损失，以此确保会计信息披露的合理与全面，保障新会计准则的全面普及。

其次，丰富有针对性的披露信息。迄今为止，我国国有企业的职工收入相对其他单位来说较高、职工获得的福利偏离正常轨道、财务内部治理和风险管控效果不理想、利润操纵频繁、主营业务缺乏市场竞争力、重组不规范等现象较多。为应对国有资产管理过程中的脆弱步骤和重要问题，国企应该加强相关资产的减值准备与转回、涉及福利的职工薪酬总额、经营风险预测和非主营业务投资情况、非经常发生事项的相关损益、其他综合收益、企业经济增加值、重要的投资活动和融资活动、资产并购重组等财务会计事项的报告与监管，保证企业能够全面性地披露内容，规定不可抗的硬性披露条件，实时监察国有企业高风险领域和非常规重大事项，为确保国有资产的价值，需要实事求是地获取关于经营业绩和经营行为的信息。

最后，从《财务通则》里可以知道，国有企业有义务通过财务报告向其组织内的员工披露员工个人劳动收入、管理者个人管理收入的设计方案、关于企业年度财务会计报告的相关审计内容、公司重组过程中相关资产的评估和处置内容等。

4.5.4.4 扩大非财务性披露内容，增强信息价值

我国信息披露制度将财务信息内容作为重点，从有用性原则出发，鼓励企业主动报告所有关键信息，改进非财务信息内容的报告，侧重于披露管理层的长期

和短期目标、企业近期战略管理计划、企业社会责任与经济责任的协调、生态环境保护和自然资源节约等方面的信息。如果要形成一个科学、全面、合理、有效的信息披露监管体制，财务报告不仅要对企业以往发生过的经济事件进行适当的解释与反映，而且企业披露的财务报告中要有对企业当前形势的解释和对未来结果的预测与根据，唯有如此才对提高信息价值的有用性有帮助，才能满足信息用户的决策需要。

4.5.5 解决非上市企业信息公开披露方案

信息公开是财务监管的重要组成部分，同时是深化国企体制改革和促进国企发展的方向，有助于提高财务治理效率。然而，非上市公司定期公开信息是一类技术性高、操作难、政策鼓励的任务。按照《公司法》和《证券法》等法律、行政法规的要求，上市公司应该具备明确的信息披露规则，在此基础上也可以进一步对非上市企业信息披露进行更加明确的规范。

4.5.5.1 对外披露信息的范围

非上市公司披露的信息具体包括企业的经营管理活动和相关投资者对企业资产的拥有情况等重要事项，企业的经营情况和财务状况是信息披露的主要组成部分。根据公司披露的财务状况和业务经营数据，能够让相关利益者更加了解企业业务经营活动情况，在此过程中，有助于所有者发现企业在经营过程中存在的问题，有利于发挥利益相关者的监督职能作用。企业在向社会公开的事项中主要可以分为日常事项和重要事项。其中，日常事项包括的内容为：在日常的业务经营活动中，非上市国有企业需要按照相关规则在规定的时间向外界披露相关的财务状况等信息。其内容主要包括：企业自身基本情况；董事、监事、高管的职务及其年度收入；控制方的实际情况；财务状况；董事会报告；管理层讨论和分析；半年度和年度财务报告以及审计报告全文等。重大事项包括的内容是对国有资产投资者权益能够产生重大影响的经营事项。其具体内容可细分为企业合并、分设、重组、上市、提供巨额担保、发行债券、投资重大活动、转移核心产权、变动注册资本、大额捐赠、盈余分配、企业解体、破产等。

4.5.5.2 对外披露的对象

信息披露的主要对象为资产所有者以及其他一些利益相关者。一方面，上市公司的信息披露直接源于需要信息的股东，数量多、不确定性大。另一方面，非上市公司无论是充当公共资产还是非公共资产，企业最终所有的那部分皆属于国民经济。按照相关法律法规，公民对企业重大信息的披露拥有一定的监督权利和义务，因此企业有关重大信息应当及时地向公民公开。但在一定程度上，相关利益者如资产投资者、企业职工、债权人、监管机构和组织等对信息的需求必定会占最大的比重。

4.5.5.3　对外披露时间

在报告期内可以划分一定的时间对日常事项进行信息披露，特别是存在固定会计期间的财务报告。非上市公司鉴于成本效益的重要性，一般选用中长期报告来进行企业信息的披露。长期报告一般为年度报告的形式，年度报告自每一会计年度结束之日开始算起，在第 4 个月内完成披露，中期报告是在上半年结束后的 2 个月内完成信息披露，而企业发生的重大事项信息应当在有关事项发生后 10 日内临时披露。

4.5.5.4　对外披露的方式

向社会公开信息的方式多种多样，具体形式有将信息放置在指定的地方进行公开检查，发送给投资者、债权人和其他需求者，提交给企业监管机构进行审核，并在指定的平台上发布公告审核结果与评级。由于我国国有企业与私营企业之间规模与经营领域不尽相同，允许各企业结合自身情况选择不同的披露信息的方式。一般性的国有企业可以在指定报纸和指定网站上发布财务报告信息；其中，大型的上市公司还需要对不定期发生的重大事项进行及时披露并发表；和国民生活密切相关的国有企业，需要定期在规范的报刊上对日常事项进行信息披露并发表；如果是不太适宜扩散的信息，政府相关监管机构和投资者会额外补充和报送相关信息；而对完全垄断企业、军工企业等涉及国家安全和秘密的国企不得向社会公开信息，但他们仍然要遵守并实行财务报告报送制度。

综上所述，各种类型的国有企业信息公开的灵活性，充分体现了我国对公众舆论监督作用的重视，这样的形式一方面可以让国有资产利益相关者实时关注国有企业的实际经营情况，另一方面还可以让那些真正拥有国有资产的公众明白自己的权益，更好地做自己国家的主人。当然，这样的灵活性制度在实施上存在一定的难度，不能急于求成，应该严格按照先行先试、循序渐进的原则来实施。

❺
知识经济时代我国财务报告创新的探讨

5.1 财务报告的创新

在互联网思维和大数据技术创新不断冲击生活的时代，与自然生态系统会面临的诸多危机和许多无法控制的风险一样，企业生存经营环境也将面对残酷的竞争和危机的不确定性。财务报告作为企业经营状况信息披露的载体，也需在激烈竞争的环境下进行自我革新，以快速提升企业财务竞争力。

5.1.1 财务报表改造思想——区分核心业务与非核心业务

美国等发达国家在会计准则中对企业财务报告中出现的持续经营、营业中断和会计原则变更三种情况所能产生的后果都制定了相应的措施。全面的会计准则已经纳入了企业经营的正常业务或偶发业务，其中，特别服务或附带服务（或事件）的含义还有待被纳入，如果我国能率先"开发"这两项服务，我们就能更好地为用户服务。因此，AICPA 在《关于改进企业报告——以客户为中心》这篇著作中应用实证研究，提出了将企业总体业务分为核心业务和非核心业务两个类别，以对财务报表格式进行改革，进而更适应性地反映企业经营趋势的信息。

5.1.1.1 核心业务与非核心业务概念

核心业务和非核心业务的划分因企业而异，对财务信息披露的可比性有一定程度的影响。事实上，这一观点的提出是为了搭建一个匹配性强的财务信息的框架。企业的核心业务囊括了企业的正常或经常性经营活动与非经营活动，其中，"正常"是指某一企业在生产经营中常见或典型情况，"经常"是指企业在一定时期内重复进行的经营与非经营活动。绝大多数用户在评估或评价企业信用风险时都习惯性地把利息业务排除在核心业务之外，只有类似金融服务机构的核心业务中包括利息业务。企业的非核心业务是指不经常发生或者偶然发生的业务或者交易活动。例如，很少出售房地产的企业出售企业用地、财务会计政策变更的影响等。

5.1.1.2　区分核心业务与非核心业务的意义

根据国际会计准则委员会的统计汇总可知，大部分财务信息用户都对核心业务收入存有疑惑。财务信息使用者在知晓企业在报告考核期业务经营的财务状况的主要趋势后，更加注重考虑核心资产和非核心负债，尤其是企业不寻常和偶然项目的信息。在对企业进行评价或评估其面临的风险时，许多用户会选用核心收益体系来调整企业报告的利润，以便更明确地预估企业在未来一段时间的战略趋势。因此，核心业务和非核心业务的概念符合用户自身分析的思路。

核心利益最终还得依据信息使用者的需求来决定。为了按照信息使用者的需求来编制核心收入，财务报告的服务主体应把非核心项目标注在附注中进行披露。据此，我国遵照国际会计准则委员会制定的会计标准，要求财务报表的格式首先应当便于了解企业的经营活动及其趋势。我们对我国目前的财务报表中的核心和非核心项目进行了划分和重新安排，以期更有效地划分企业所面临的机遇和挑战，避免利益相关者对企业的发展趋势进行误判。

5.1.2　资产负债表的创新

5.1.2.1　资产负债表的创新格式

倘若想将核心资产、非核心资产以及负债三种加以区别，最直接的方法就是对资产负债表进行改进（改进部分见粗体部分），并需要在其中增加衍生金融工具以及人力资源的信息披露。主要内容见表5-1。

5.1.2.2　创新资产负债表说明

第一，关于会计等式和权益概念的变化。自20世纪80年代以来，国内外的经济学家开始重新审视传统经济的局限性，创新地相继提出了企业所有权理论、人力资本所有者产权和合作产权理论。这些新的产权理论捍卫了企业产权所有者

表 5-1 创新的资产负债表

资产	负债与所有者权益
流动资产：	流动负债
货币资金	短期借款
交易性金融资产	交易性金融负债
短期衍生金融资产	**短期衍生金融负债**
应收票据	应付票据
应收账款	应付账款
应收款项融资	预收款项
预付款项	合同负债
其他应收款	应付职工薪酬
存货	应交税费
合同资产	其他应付款
持有待售资产	持有待售负债
一年内到期的非流动资产	一年内到期的非流动负债
其他流动资产	其他流动负债
非核心流动资产	**非核心流动负债**
流动资产合计	流动负债合计
非流动资产：	非流动负债：
人力资产：	长期借款
人力资产成本	应付债券
人力资产累计折旧	租赁负债
人力资产净值	长期应付款
	长期衍生金融负债
长期衍生金融资产	预计付债
债权投资	递延收益
其他债权投资	递延所得税负债
长期应收款	其他非流动负债
长期股权投资	**非核心长期负债**
其他权益工具投资	非流动负债合计
其他非流动金融资产	负债合计
投资性房地产	
固定资产	
在建工程	
生产性生物资产	
油气资产	
使用权资产	
无形资产	
开发支出	
商誉	**劳动者权益：**
长期待摊费用	**人力资本**
递延所得税资产	**劳动者权益分成**
长期非核心资产	**劳动者权益合计**
其他非流动资产	
非流动资产合计	股东权益
	股本
资产总计	其他权益工具

续表

	资本公积
	减：库存股
	其他综合收益
	专项储备
	盈余公积
	未分配利润
股东权益合计	
负债和股东权益总计	

的应有权利以及明确了他们需要共同承担的风险范围。人力资源的投入并不能列为企业成本项，而是企业最重要的资产之一，据此，资产减负债的结果也就变成企业投资者、管理者和员工共同享有的权益。"资产＝负债＋所有者权益"的平衡公式可以解读为债权人清算加上所有者权益清算，等于企业资产总额，这样的计算方法可以看出企业在经营过程中价值的变动，引入人力资源这一重要资源要素后，会计平衡公式为："物质资产＋人力资产＝负债＋所有者权益＋职工权益"。新公式凸显了知识经济环境下人力资本产权所有者的应有权利。

第二，对资产和负债的新定义。在知识经济的新形势下，技术快速发展，金融市场体系也不断创新，企业未来可能会发生的经济变化不只看目前交易或事件，还应该看这些交易和事件的风险和报酬有没有发生真正转移。基于这一观点，有必要根据环境形势的发展适当地增加资产形成条件的范围，努力保证信息的可靠性。

资产的定义现可修改为：资产是可能的未来经济利益流入。它是通过下列条件之一由特定主体取得或加以控制的：①企业历史的交易或事项（包括产权交易）；②签订了权利和义务的风险和报酬转移；③市场价值高于账面的增值部分；④环境和自然的环境波动导致未来经济利益的增值。

相应地，负债是可能的未来经济利益流出。它是通过下列条件之一由特定主体承担义务：①历史交易或事项（包括产权交易）；②权利和义务的风险和报酬转移；③企业市面价值低于账面价值而减值的部分；④由于环境和自然的原因导致未来经济利益的减值。

第三，关于测量模型的革新。由于资产负债表在后期计量模型时缺少对历史成本的测算，整个计量测算存在误差，因此有必要对新的公允价值计量方法加以运用。有关这些资产公允价值的信息对用户来说用处最大。在中断业务的情况下，为出售而持有的资产就是企业本身。该企业的公允价值准确地反映了该企业出售过程中产生的现金流量。

首先，衍生金融工具采用公允价值计量才是既可行又适当的。创新资产负债表中，衍生金融工具的成本通过增值与减值，可以调整到公允价值，就可以反映其公允价值，这与衍生金融工具的确认与计量中所描述的是相吻合的。

其次，通过该方法对核心资产负债进行核算时，通常不会采用加计单项资产价值、减半单项负债价值的做法，而是以其未来收益或现金流量为基础，因为未来收益或现金流量乃是企业价值的主要推动力。在预测企业的收益（以历史成本为基础）和现金流量时，一般并不依赖于单项资产或负债的公允价值，因而对核心业务采用历史成本计量是最合适的方法。但对处于持续经营过程中的企业来说仅仅在处置其时有用，其余情况可能其用处不大。

最后，为帮助用户理解和评价非核心资产和负债的计量方法，企业应当披露历史成本、公允价值、在确定非核心资产和负债时所采用的假设及具体方法。非核心资产和负债的未实现增值或减值，可计入下面所述的全面损益表中。一方面，非核心资产的收益对于用户评价持续业务并不特别重要。根据定义，非核心资产并不经常出现，或者说与持续业务关系不大，因此用户不怎么看重。另一方面，确认未实现增值或减值，会导致无法准确地预测企业的未来收益或现金流量，使评价企业的非核心资产和负债信息不够清晰。

5.1.3 损益表创新

5.1.3.1 损益表创新格式

表 5-2 列示了现行实务中值得改进之处，目的是区别核心收益和非核心收益。

表 5-2 损益表创新格式

一、经常性经营业务收入
　减：销售折让
　　　经常性经营业务收入净额
　减：经常性经营业务成本
　　　经常性经营业务税金及附加
二、经常性经营业务利润
　减：营业成本
　　　研发费用
　　　人力资源成本费用

续表

管理费用

财务费用

其他营业成本和费用

加：经常性非经营利得（损失）

经常性非经营业务税金及附加

投资收益

其中：对联营企业和合营企业的投资收益

以摊余成本计量的金融资产终止确认收益

净敞口套期收益

公允价值变动收益

信用减值损失

资产减值损失

资产处置收益

人力资源损益

补贴收入

三、税前核心收益

减：核心收益的所得税

四、核心收益

加：非核心收益与融资成本

其中：融资收益（成本）

非常和偶发业务的利润（损失）

中断业务的利润（损失）

减：非核心利润和融资成本的所得税费用（收益）

五、净利润

（一）持续经营净利润

（二）终止经营净利润

5.1.3.2　创新损益表说明

损益表分为核心收益、非核心收益和融资成本三类收益。我国当前的损益表主要运用多步骤格式，从而有利于多家企业相互比对和预测，还可以清晰地显示核心收入、非核心收入和融资成本。

首先，常规业务和常规非营业业务界定。常规业务和常规非营业业务均属于核心业务，其中常规业务就等于是本次执业的主营业务，常规非营业业务就可以看作本次执业的其他业务收入。在对核心和非核心概念进行界定的基础上，应当在报表附注里增加披露企业用于区分这两项业务的会计政策以及利润表的解释说明。例如，会计政策附注应当增加相关附带业务的影响说明和计量的相关具体会计报表政策。

其次，关于税收问题。尽管在我国目前的企业财务报告实践中，以主营业务收入为基础的税种和以其他业务收入为基础的个税都包含在"主营业务税金及附加"中，但两者的计税基础、适用税种和税率实际上还是有差异的，所以有必要将这两种税种分别列示。如果不能区分核心业务和非核心业务，则可以采取按比例分配的方法从所得税总额中加以区分。而存货跌价损失不反映在损益表中，因为未实现损益只在下面所述的综合损益表中标注。

再次，关于费用支出的问题。研发费用与人力资源培训都是很重要的费用支出，现行实务中全部计入管理费用太过笼统，在创新损益表中加以分列，以满足知识经济下用户的需求。人力资源损益是已实现的损益，故在经营性非经营收入与费用中反映。核心收益并不是未来收益的预测值，而是经过调整、不包括非常项目或偶发项目的历史收益。揭示核心收益的目的并不是反映正常收益或经常收益的估计值。核心收益如果具有周期性或者有波动，也应当如实反映，不能拉平。

最后，关于费用支出的问题。研发费用和人力资源培训费用都是占比比较重且必不可少的费用，应单列，而非列入管理费用，如表5-3所示。

表5-3 关于费用支出项目的调整

调整项目	调整方向
人力资源损益	人力资源损益是实现的历史损益，反映在营业外收支中较为合理
核心收入	核心收入是调整后的历史收入，不能纳入非常项目或偶然项目中
利息收入和费用	利息收入和费用由税前利润的财务费用调整为核心收入类的费用项目

5.1.4 现金流量表创新

现金流量表将经营活动产生的现金流量分为核心部分、非核心部分和融资成本部分，即核心活动产生的现金流量净额加上非核心活动产生的现金流量和融资成本等于经营活动产生的现金流量净额。从净利润出发至经营活动的现金流量的补充数据计算中，与损益表的计算方法是相类似的，都是分为核心收入和非核心收入这两部分进行分别计算。

此外，将所有有关税费都划分为核心业务与非核心业务是可行的。基于此，也可以对现金流量表中的投资和融资部分进行进一步的划分，划分为核心和非核心现金流量。对于除所得税以外的不同类型的业务，本身税收就适应不同的条款，在实务操作中进行划分并不困难。对于所得税，可通过收益表获得。然而，从成本效益上讲，这样做并不合算，所以这部分保持不变。因此，现行的现金流量表应当按照核心和非核心的概念进行调整，主要内容见表 5-4。

表 5-4 现金流量表创新格式

现金流量表	补充资料
一、经营活动现金流量：	将净利润调整为经营活动现金流量
核心业务	核心收益
销售商品、提供劳务收到的现金	加：计提的坏账准备或转销的坏账
收取的租金	固定资产折旧
收到的核心业务税费返还	无形资产摊销
收到的其他与非核心业务有关的现金	长期待摊费用摊销
现金流入小计	待摊费用摊销
购买商品、接受劳务支付的现金	预提费用
经营性租赁所支付的现金	处置固定资产、无形资产和其他长期资产的正
支付给职工以及为职工支付的现金	常损失（收益）
实际交纳的增值税款	固定资产正常报废损失（收益）
支付的核心业务所得税款	投资损失（收益）
支付的其他核心业务税费	核心业务应付所得税减少（增加）
支付的其他与核心业务有关的现金	存货减少（增加）
现金流出小计	递延所得税贷项（借项）
	经营性应收项目减少（增加）
非核心业务	经营性应付项目增加（减少）
收到的非核心业务税费返还	核心经营活动产生的净现金
收到的其他与非核心业务有关的现金	
现金流入小计	非核心经营活动和融资成本部分
支付的非核心业务所得税款	加：核心业务应付所得税减少（增加）
支付的其他非核心业务税费	递延所得税贷项（借项）
支付的其他与非核心业务有关的现金	财务费用
现金流出小计	处置固定资产、无形资产和其他长期资产的非
	常损失（收益）
二、经营活动现金净流量	固定资产非常报废损失（收益）
	其他
（融资与筹资活动部分保持不变）	非核心利润和融资成本提供的净现金
	经营活动提供的净现金
	（不涉及现金收支的投筹资活动与现金和现金等价
	物增加情况保持不变）

5.1.5 新增第四损益表——全面损益表

利得与损失会计要素确定正是为了报告企业的全面收益。美国 FASB 在 FASB130 中曾提出三种不同的反映全面收益的报告方式：一是和现有的损益表加在一起成为同一张报表，即"收益与全面收益表"，整个表分为两部分，上半部分细致地罗列了有关净收益以及下属组成，下半部分是由其余的全面收益组成。二是全面收益表与收益表分开，均单独编制，这样，"全面收益表"成为名副其实的第四损益表。三是在同权益变动表合并，共同报告全面收益的组成部分，损益表单独编制。我国 2019 年最新修订的财务报告格式采用的是第一种形式。本书建议采用第二种形式，即损益表与全面收益表分成两张报表。全面收益表的格式如表 5-5 所示。

表 5-5　全面收益表格式

项目	本期发生数	会计年度累计数
衍生金融工具持有利得（损失）		
财产重估价盈余（损失）	(*)	*
投资重估价盈余（损失）	*	(*)
外币财务报表折算差异	*	*
分类调整	(*)	*
其他全面收益	(*)	*
已确认未实现的净利得（损失）	*	*
本期净利	(*)	*
已确认利得和损失合计	(*)	*
会计政策变更的影响	(*)	*
本期全面收益	*	*

5.1.5.1　综合损益表与现有损益表的关系

综合损益表也是一个基本的财务报表，但其与损益表的差异之处就在于：它可以通过"准备金"直接将股东资金进行变动的项目组合在一起，从而综合地反映企业的全部财务状况。因此，综合损益表不反映上期确认的已实现利润和各项款项之间的转换，总的囊括当期损益和其他应归属于所有者权益并在编制项目中确认的利得或损失，如图 5-1 所示。

5.1.5.2　具体项目说明

第一，财产重估损益。我国财务会计准则表明，企业的股权分置改革、资产核实等国有资产产权发生变动的时候，通常应按照评估价格确定后的资产账面价值。倘若账面价值有所增加，就按照"资本公积—资产评估—增值准备"，直接计入所有者权益，倘若账面价值有减值，就应当计入当期损益"营业外支出"。

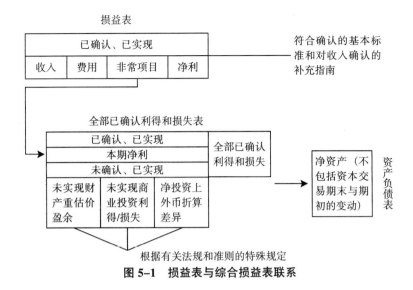

图 5-1 损益表与综合损益表联系

但是，如果减值评估与已计入所有者权益的历史评估增值相联系，则未来的减值就需要用来抵消已计入所有者权益的增值部分，如果减记后仍存在未申请的减值，计入损益。类似地，当评估增值与以前的减值评估有关时，且评估的减值抵消已计入当期损益值后还有多余则仍计入所有者权益。虽然这种方法体现了保守主义的原则，但要追查上期的增减变化是很烦琐的。而且，这些损失属于未实现损失，并不能反映实际损益，仅为保守起见则将其纳入综合损益表可以避免这些问题。

第二，投资重估价盈余与损失。我国会计制度规定，投出资产公允价值大于其账面价值的差额，在扣除未来应交所得税后的余额，计入"资本公积——股权投资准备"中。基本处理和财产重估价盈余与损失相同。故也应将其在全面损益表中单独列示。

第三，外币报表折算差异。国际上外币报表的折算有不同的方法，如现行汇率法、区分货币项目与非货币项目法、区分流动项目与非流动项目法、时态法等。但不论何种方法，现行实务中其折算差额最后在所有者权益项目中单列"外币报表折算差额"反映，并逐年累积下去。本书认为，作为一种典型的已确认未实现利得，应在全面损益表中进行反映。

第四，分类调整。上期报告为其他综合收益的已确认未实现损益，在本期全部或部分实现并计入净收益的，就产生了重复计算的情况，则需要进行"重新分类调整"，以调整项目在其他综合收入项下的数额。

第五，已确认未实现的净利得（损失）。其为以上各项的汇总数。对于未实现利得的所得税问题，应根据各国的税法有所不同。从我国的实例来看，未实现利得一方面企业不愿意交纳所得税，另一方面税法也未制定相关的税收方法。因此，应对未实现利得或损失不计纳所得税，以提高企业报告未实现利得或损失的积极性。

第六，会计政策变更的影响。在美国现行实务中，会计政策变更的影响反映在损益表中，在我国，是在财务报表附注中反映。由于会计政策变更影响产生的利得或损失也不是企业实际的业绩，而是一种概念上的收益，故可单独列出，又可划分实际与概念的收益。在报表附注中，应反映会计政策变更的内容和理由，如果不能合理确认累积影响数，应说明不能确定的理由等。

5.1.5.3 全面损益表收益确认

综合收益表中的收入是采用估值法进行确认的，从理论上说，估值法侧重于企业财富增加的量度，在估值法的规则里，企业在报告期间净资产（或资本）的增加就是收益，其反映了价值存量上的收益。倘若企业在一定期限内既没有所有者的新投资，也没有分配给所有者资金时，企业只有在期末净资产超过初始投资资本方能确认为收益，即"资产－负债＝净资产""期末净资产＝期初净资产＝当期收入"。

配比法侧重于企业经营业绩和有效性的量度。在排除物价变动与资产重估增（减）值的情况下，两者的计量结果是一致的，只是同一计量的不同侧面。但在知识经济时代，物价变动与资产持有公允价值的变动是经常的现象。此时采用估值法进行收益确认就有了一定优势，且可将损益表的收入与费用概念扩展到利得与损失的概念。

5.1.6 表外信息披露

我国的财务报告的表外信息在附注中加以诠释。表外信息主要是为了让用户更好地对报告信息进行理解，表外披露的具体内容包括非货币性信息、前瞻性信息、定性信息、货币性信息、历史信息、定量信息。为了满足客户的多元化需求，表外信息披露内容也逐渐有所增加，其由最初的简单式发展到多元化。然而，目前对表外披露没有统一的标准和要求，这也是报告企业能够更加灵活地披露的原因。

以下格式可用于表外披露：

5.1.6.1 旁注

旁注是指报告中有关项目右侧括号内的信息，对该项目做了简单的补充和说明。旁注具有形式上的限制，其只能对表中项目做一些辅助描述。例如：列示所有权所包含的组成项目的具体金额；通过其他估价方法获得的金融；其他声明或说明。

5.1.6.2 底注

底注又可称为脚注甚至是尾注，它的作用主要是对报告正文中不易包含的某些文本和数据进行补充说明，对用户正确理解信息有很大帮助。底注内容一般包括：①经营环境说明；②财务信息补充说明；③会计政策说明；④重要事项说明；⑤财务信息分析说明；⑥细分。

5.1.6.3 附表

旁注方式、底注方式、附表方式各具特点，旁注、附表都是针对财务报表项目做出的补充说明，但附表反映的内容更详细、更具体。附表主要是指利用表格形式进行信息的详尽说明，相对于底注方式，附表方式更规范，基本以定量信息为主，附表一般适用于对报表项目做具体解释。如外币资金表、流动资金表、长期负债明细表、营业收支明细或专用明细表等均可视为资产负债表或损益表的附表。

5.1.6.4 其他财务报告

其他财务报告提供那些为会计信息使用者所需，但又暂时难以在基本财务报表中反映的次要信息。一般而言，其他财务报告反映的内容往往能够构成独立的会计体系，能够通过设立账户来核算有关的成本、费用、收益。如绿色会计、人力资源会计、增值会计、衍生金融工具会计等内容可划入此类。由此而产生的环境报告、雇佣报告、增值报告、衍生金融工具报告等构成了其他财务报告。另外，也存在一种在项目上与基本财务报表无太大区别，但计量尺度不同的报告，如物价变动报告。

5.2 平衡计分卡各维度报告编制创新

平衡计分卡（BSC）是卡普兰和诺顿共同研究的结果。平衡计分卡的前三个维度通常反映的是企业的经营管理实力以及与其他竞争对手之间的对比情况，从而使企业通过学习、培训、进修的具体方案策略来不断提升自身实力。最后一个维度是整个企业在战略层面上的进步和提升，企业要想实现长时间的战略发展，不能停止其学习的步伐，如表5-6所示。

表5-6 平衡计分卡四个维度

平衡计分卡维度	诠释
财务维度	相关目标主要与盈利能力、价值创造能力等相关，相应指标反映的是企业战略的制定和实施是否对企业盈利能力产生积极影响
客户维度	管理层明确了公司主营业务范围内的客户范围和竞争市场，并根据获得的客户满意度等信息制定了相关的评价指标
内部业务流程维度	有效的业务流程可以对适合公司自身关键节点的内部业务流程进行改进和澄清，引导和维护目标市场和相应区域的客户
学习和成长维度	公司内部员工的整体素质直接影响着企业学习和成长维度

5.2.1 基于平衡计分卡设计会计报告的必要性

公司的长期发展需要管理会计报告系统的支持，财务报告可以从战略高度为公司决策层提供年度战略决策信息，是一个面向未来的辅助组织管理的财务会计工具。

5.2.1.1 支持公司各层级目标的实现

以平衡计分卡为基础构建的管理会计报告系统可以最大限度地利用资源以提高公司的经营效率，最终明确公司战略发展方向是否符合市场趋势。因此，以平衡计分卡为基础框架设计一个管理会计报告体系，有助于公司在经营过程中明确和达到不同层次的目标，如表5-7所示。

表 5-7　公司各层级目标的实现

公司目标	内容	举例说明	平衡计分卡优势
管理层具体目标	分析战略的制定和决策的实施、生产经营和盈利能力	盈利情况、款项回收情况、资金使用情况	清楚了解公司整体的运营状况和管理风险
业务层具体目标	提供与公司开展日常业务或作业活动相关信息的对内报告	退货率、投诉率、退货信息明细、投诉信息明细等数据进行分析	及时发现成本控制漏洞，采取有效的控制措施

5.2.1.2　满足公司运营的多维度需求

结合公司实际经营的需要，可以发现从平衡计分卡的四个维度设计管理会计报表系统能够更充分地满足公司的需要。为了增加公司的价值，基于平衡计分卡编制的财务报告必须满足企业管理不同层次的需要。相应的报表也分为三个层次，如表 5-8 所示。

表 5-8　报表层次及内容

报表层次	特点	诠释
战略层	宏观、长远	有效制定战略，更有利于经营优化配置资源目标
管理层	分析战略和经营盈利能力	了解公司的整体经营状况和可能的管理风险
业务层	日常指导、利润最大化	业务数据分析，及时采取有效的整改措施

5.2.1.3　构建出多维度的管理会计报告体系

多维度的管理会计报告体系是财务报告基于平衡计分卡创新思维的最直接的成果。整个多维度体系利用平衡计分卡的四个维度，最终构建了以财务维度为核心、其余维度相互辅助的能够满足不同维度的具体目标和管理层的信息需求的报告模式。由此可知，管理会计四个维度之间的报告实现了从价值到激励的可追溯性，并注重完善四个维度在组织经营管理活动中产生的信息需求，最终管理会计报告体系的四个维度能既相互依存又各有侧重，助力满足了所有方面的要求，保证了内部层面以及内部各项经营管理活动有效运营。

第一，确保公司战略的实现。在管理会计报告体系设计之初，平衡计分卡中的"化战略为绩效"是最基本的指导原则。公司战略制定的本质是要通过明确不同的维度来描绘公司的总体目标，并在战略实施的过程中要结合各级管理层的信息需求，来把握控制目标和要点。因此，根据公司战略的特点需要革新地在平衡计分卡四个维度的基础上，建立相应的管理会计报告体系。一方面，管理会计报告可以直接统计战略决策有关的信息协助制定公司战略；另一方面，报告中及时汇总了财务和非财务信息，保证了管理层制订企业经营计划的有效性。

第二，促进公司业绩和价值创造能力的提高。随着全球信息数据核算方法和技术的不断革新，经济全球化的趋势遍及各个国家。对于大型跨国企业来说，制定全球化的发展战略使其更好地为未来遇见的风险和机遇做好战略布局。于是，公司管理层需要通过管理会计报告体系的全面建设和应用来帮助他们寻找新的增长点，做出正确的战略决策，以期为公司创造更多的机会。

5.2.2 基于平衡计分卡设计会计报告的可行性

平衡计分卡的各个维度相互联系体现了"落地战略"的理念，即实现平衡计分卡与管理会计报表的融合机制，使财务会计信息的收集、审核和传递过程形成有机整体，让平衡计分卡管理会计报告制度增强公司的价值创造能力。一方面，提高公司的管理水平的过程中也包括创造企业价值，价值创造过程可以助力公司测量和监控长期战略目标的实现过程；另一方面，完善报表的编制和每个报表的关键绩效指标的设计，可以实时发现披露信息滞后和孤立问题，提高信息披露的质量，更好地为利益相关者提供信息服务。

5.2.2.1 有明确的职责分工

从平衡计分卡四个维度对财务报告编制进行创新设计，有助于明确企业职工的工作职责以及工作目标，保障工作顺利进行。此外，企业组织内部搭建专门的互助财务专案也可以更好地指导工作，每个负责人都需要保证沟通的渠道顺通，有利于报告的整体编写和传递。其中，领导为互助小组的团队负责人，既要控制全局，又要协调各部门。各部门负责人也是专案互助组成员，他们监督和指导本部门的工作。

5.2.2.2 有完善的制度保证

为让平衡计分卡各维度报告编制创新策略可以顺利实施，完善的实施保障制度是明确财务报告编制落实的前提。企业应对控制关键点进行把握，并针对控制关键点出台一些有利于财务报告制度建设和运行的制度，动员全体员工参与，并对各岗位人员进行约束，确保最终对工作的执行情况建立明确的考核制度，有利于提高财务报告编制效率。

5.2.3 平衡计分卡各维度的管理会计报告编制

管理会计报表系统把信息需求者划分为战略层、运营层和业务层三个层面，涉及企业全体员工，如此便能最大限度地满足每个人的需求，帮助管理层进一步全方位地知晓公司的信息，以便做出正确合理的决策。因此，以平衡计分卡为基础的管理会计报告无法独立存在，必须相互影响、相辅相成。财务维度是企业经营发展的基石，收益是最重要的目的，财务维度源于顾客维度，顾客带来现金流入；内部流程维度直接关系到客户维度的体验满意度，顾客数量的增加源于顾客体验度高；学习和成长维度为整个企业的经营与前景打下基础，成长中的公司各层面一定很好。

管理会计报表的组合必须取得很好的效果，同时，管理会计报告需参照企业战略目标，以保证计划长远。由于其具备可预测性，因此可以按照当前数据对现实情况做出及时准确的决策。随着战略的实时休整，公司能够选择适合自身的途径，选择更健全的发展方式。在制定的管理会计报告体系里，虽然每个维度的内容有重复的情况，但它们各自反映的侧重点有区别。各维度内容间相互联系、相互支持，每一部分都必不可少，既证实了全部内容的真实性，又促进公司的生产经营活动的有效进行。

5.2.3.1 财务维度管理会计报告运行

企业运用经营日报、经营分析报告和收支预算报告已有一定时间，而且对这方面的内容拥有比较成熟的经验。这三个表格的详细组成已经清晰，而且已在上文讨论过，这里不再阐述。本书主要研究价值创造报告的内容规划。价值创造报告必须包括以下内容：价值创造目的、各环节价值创造、经营状况分析、价值驱动力。价值创造的含义是企业业务活动对企业创造的贡献，通常跟利润相关。所以，它必须包括主营业务收入、利润总额和净收益这三个层面。这三个层面从不同角度逐步考评企业的经营业绩。根据各自的业务部门分解指标，可以确定各个人员的职责。

第一，资料收集。除了经营日报、经营绩效分析报告和收支预算明细表之外，财务维度方面的报告还包含价值创造报告。报告的中心是反映企业的价值创造以及对潜在的价值创造进行把握。对于具体分工，每个部门主管按照经营管理报告里的部门业务数量编写报告，最后由财务部负责人根据具体对应的财务报表填写各个价值驱动因素，以此形成全面的价值驱动力表进行汇总。

第二，报告审查。管理会计信息的完成是多个部门协同下的结果。所以，财务、网络、业务以及客户服务等部门管理者需要共同协商与评审。

第三，报告传递。把评审后的管理会计报告报送至本级别的管理层和母公司的管理层。

第四，信息反馈和评价。管理高层对报送的管理会计报告的质量进行反馈以及评价，进一步阻碍了关于管理会计报告信息的收集工作和编制工作。

第五，信息保密。上述关联的企业信息应具备一定的保密机制。相对数量指标作为绝对数量指标的补充，是不可或缺的，在此亦叫价值驱动力。价值驱动力可以对企业的目标拥有修正作用，并根据已形成的指标对以前的目标进行合理的校正；它避免了各单位经营规模不同等弊端，便于公司的横向对比；它可以表现出两个指标间的具体关系，比如流动比率与速动比率等指标。为对公司的经营能力进行了解和评价，有必要制定预算和实际完成情况的具体数值。在面对不同指标时，将预算值同实际值进行比较，可以更清晰地了解指标的完成进度，以此体现公司经营业务的效益性和适宜性。

5.2.3.2 客户维度管理会计报告运行

一个公司的价值能否不断地增长，客户在其中起到了重要的作用。一个公司后续的发展能否不断取得成功，在一定程度上取决于客户对公司评价的好坏。现在经济的好坏还是要由买家这个大市场来决定，如果有客户不是很满意于某家单位所提供的服务，那么该客户将会在市场上寻找能够提供类似服务的单位来替代，从而对公司的经营业绩产生相当大的影响。在此基础上，为了能够给用户创造更大的价值和提供更好的服务，公司可以通过收集处理相关的数据并从中提取有用信息，来分析什么样的行为会对客户产生积极的影响，从而为公司带来利益。

客户维度管理会计报告一般情况下可以从上下游两个方面进行分析，具体分为客户情况和商家情况。从客户的角度出发，由于公司收入在很大程度上源于客户，所以更应该注意客户的退单情况，尤其是客户为什么要退单，哪方面原因造成的。除此之外，也要对退单的产品种类和金额大小等信息进行相关的登记。再对以上信息进行分析处理，挖掘出用户的退单原因以及其他方面的问题，并采取相应的措施加以解决，为后续的业务发展提供一个良好的基础。当然，从商家的角度出发，对于商家的入驻情况也要持续不断地关注。可以通过收集在不同地区商家的分布情况、产品种类以及销售的时间等相关的数据信息，并对以上的信息进行关联，挖掘出隐藏在其中的有用信息，为后续商家的线下拓展提供便利。除此之外，也要对商家退出的情况进行分析。比如，哪些区域商家退出的情况比较严重，它们主要从事哪些业务；这种情况是不是商家所在地域和它从事的业务不契合而造成的。与此同时，客户维度也是财务维度的重要来源之一，所以客户维度和财务维度也是相互关联的。进而有必要对客户和商家的收入与利润进行分析，并将其与财务维度关联起来，最终回归价值指标。

5.2.3.3 内部业务流程维度管理会计报告运行

企业对战略目标、财务维度目标和客户维度目标进一步地明确之后，为了能够降低成本、增加效用、减少运营风险、开拓相应市场以及不断增加优质客户数量，有必要开始厘清各种不同业务间关系，编制一份具体的内部业务流程维度的报告，建立公司自己的价值链条。

为了更好地实施上述的目标，公司应该在内部业务流程上进行运营管理报告编制创新。在企业的日常经营过程中，很大程度上无法规避来自外部环境的影响，因此，编制内部业务流程维度的管理会计报告需要及时结合外部环境的发展趋势来及时调整自己的方案，便于及时地发现当前公司内部可能存在的相关风险，并将上述问题和风险成本降至最低，做到事前、事中控制，将它们扼杀在萌芽期。因为内部业务流程维度主要是从单位内部的角度进行描述，所以可用单位部门来进行分类设计，根据不同的部门和人员来登记汇总它们的工作进度，这样便于组织提高管理效率。比如网络部门，它的任务主要是对网站进行维护和更新，把网络部门相关的维护、更新频率等主要工作信息登记在这份报告中，以便于后续人员进行绩效考核，以及在一定程度上更加明确工作人员的责任。随着内部业务流程越来越全面，也会推动客户维度和财务维度的整体情况逐渐向好的方面发展。因为好的服务才会带来优质的客户，如图 5-2 所示。

5.2.3.4 学习与成长维度管理会计报告运行

在公司战略实现过程中，人力资源所产生的巨大影响是学习与成长维度非常重视的。公司对财务维度、客户维度与内部业务流程维度的信息填列完成后，也需要将其人力资源包括在其中，因为人力资源对于缩小公司间差距能够起到重要的作用。如图 5-3 所示。

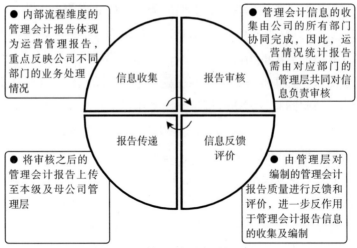

图 5-2　内部业务流程维度管理

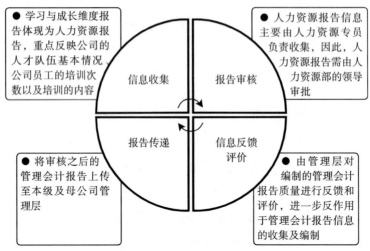

图 5-3　学习与成长维度管理

　　在这个竞争激烈的社会，公司想要占据主动权取得一系列的成功，必须加大对相关领域人才的投资和培养，这是最简便且有用的方法，因为人才能够为社会创造更大的价值。从学习与成长维度上编制人力资源报告，有利于培养高质量的人才，也有利于公司创造更大的价值。对公司来说，专业人才是刚需，复合型人才是补充。人力资源报告汇总了人才的不同层次、接受培训的次数以及吸收程度，主要包括公司内部人才的基本情况、成长速度与成长维度等信息。在此基础上，可以把员工对薪酬的满意度加进去，薪酬主要指劳动者在付出劳动数量和质量时获得了单位给予的现金或实物的报酬。一般情况下，薪酬能够对员工起到激励的作用，可以了解员工对薪酬所得的满意程度，在此基础上综合管理层全方位的考虑，以便于及时打消员工顾虑，有利于员工用饱满的热情来面对工作，从而使公司创造更大价值，取得更大进步。与此同时，也要持续了解人才对公司管理是否满意，对不同的人采取不同的管理方法，这对公司管理层和员工自身都能够产生积极的影响。

5.2.4　基于平衡计分卡的会计报告体系运行的保障

当财务报告创新编制的成效引起管理层的重视时，企业管理决策层才会真正地落实创新编制策略的实施并最终取得进步。管理会计报告不仅仅是作为财务报告的附属物，也不只是管理会计报告体系建设中的形式任务，而必须将管理会计中的核心思想贯穿到公司的每一位员工的日常工作中。

5.2.4.1　组织保障

为了有效地实施管理会计报表，一个完整的组织结构是前提。合理的公司组织结构能够有效地提高经营效率，合理分配任务给组织员工，使其分工明确地完成经营业绩目标。大部分企业通常在组织内成立了管理会计专业小组，每个专业组由经理为主要负责人领导，高层领导负责沟通公司各业务部门和管理职能部门的信息，组内成员负责完成各自工作职责，了解决策者实际信息需求并相应地对管理会计报告的内容和形式进行调整。

5.2.4.2　制度保障

财务报告编制创新的实施需要采取相应的一系列可操作性的配套制度来保障制度的实施成效。因此，市场上很多企业都纷纷在企业自身定位的基础上，指导和监督公司推出了全面的财务保障制度来保障公司财务报告体系的建设。一方面，建立了对应的制度可以规范管理会计的运行过程，从制度上鼓励全员参与并将整个生产经营过程制度化；另一方面，企业纷纷建立了更为详细的监督机制，确保各部门的责任归属以及实施方案的顺利完成，确保了收集管理会计信息的真实性、准确性和及时性，如表 5-9 所示。此外，为了更好地发挥财务报告体系的作用，同时满足管理层的临时信息需求，企业应从系统中形成完整的异常报表处理流程和会计报告体系。

表 5-9　财务报告编制保障制度

保障制度	实施内容
制订更加详细的实施方案	使整个过程制度化，规范管理会计的运行过程
鼓励所有员工参与财务报告系统	运行覆盖公司所有业务部门，需要全体员工的参与
建立监督评价体系	确保管理会计信息收集的真实性、准确性和及时性

5.2.4.3　信息系统保障

为了充分利用管理会计报表，企业应该构建一个完善的财务报表信息系统。一个完善的财务报表信息系统可以发挥更加全面有效的作用，有助于完善行业与财务一体化的管理会计报表信息系统，使企业领导者充分了解公司的情况。不仅可以大程度降低员工的工作量，更重要的是可以容纳下信息平台的管理和控制过程中的各种信息，从而有利于对报告信息进行总结和分析，最终形成科学有效的财务报告网络体系。

因此，通过平衡计分卡与财务会计报表的有机结合，具体来说，一方面，根据平衡计分卡四个维度整合出来的信息，保障了组织内部人力、物力、财力的全面管理；另一方面，公司预算、资金和成本能力的提高也直接导致了组织整体管理的高效率和高效益。从总体上积极推动公司构建完善的管理会计制度以及保障措施，激活公司管理活力，根据管理会计报告的反馈信息，公司对资金的监管也得到了加强。

5.3　财务报告编制与传播新方式

会计处理方法的多样化对所收集的数据能否被反复使用提出了更高的要求，会计进入多元化的发展时代，也对企业是否能够收集和存储大量数据提出了更高的要求。因此，需要进一步探索财务报告编制与传播新方式。

5.3.1　财务报告编制与公布的新方式的理论支撑

编制财务报告是企业必须具备的技能，其目的是向目前与企业有联系的利益相关者或者目前无联系的潜在信息用户提供企业的经营业务的财务状况以及现金流量等披露信息，便于他们做出正确的投资决策。针对上文分析的我国目前财务报告在信息披露方面存在的一些不足，有必要从财务报告编制与公布方式出发，提出创新方案。

5.3.1.1 事项会计思想

20 世纪 60 年代，专用报告的理论依据主要以索特（Sorter）提出的"事项会计"思想为基础。与此同时，我们一般基于用户决策的相关性来对经济活动的多少属性进行选择，也就是说我们没有可能更没有必要对会计信息的经济活动的所有属性进行相应的解释。

事项会计是一种能够适应信息技术时代快速发展的会计模式，而且能够对传统会计方面的不足进行弥补。目前，随着不断出现的经济业务和以每年 7.5% 的速度快速增长的财务报表附注，这些现象都为实施事项会计起到了非常重要的影响。传统会计采用一般报告模式，报告主体不能从任何经济事项角度全面披露所有相关方的信息。只有按照事件会计的思想，为每一个经济问题提供原始数据，由信息需求者根据不同信息需求者的要求提供或简单地生成所需信息，才能在财务报告体系中包含更多的信息，以满足不同需求者的需要。以上就是专项报告的思想基础。在《会计准则》中有明文规定，可对财务报告进行划分，主要分为月度、季度和年度这三类，各组织单位必须按照国家统一会计制度定期编制财务报告。

5.3.1.2 大众传播思想

人们常说的大众传播是指通过大众媒介（如报纸、电台、广播、书籍、电视、电影等）向社会大众、组织或个人传递相关信息，是沟通交流的一种方式。而财务报告本质上是一种大众传播活动。因为财务报告是一种信息交流；财务报告是公开发布的；财务报告的使用者人数众多；财务报告的使用者并无正式的组织。

正因为财务报告也是一种大众传播活动，因此财务报告的传播适用于大众传播的信息传输两种组织方式，如表 5-10 所示。两种传播方式为除通用报告与定期报告这些规范的财务报告之外的财务报告形式提供了可行的途径。

表 5–10　财务报告大众传播方式

大众传播财务报告	方式一	方式二
流程描述	传播者→信息通道→接收者	传播者→信息中心←→接收者
说明	传播者将一定量的信息通过信息媒体和信息通道传送给传播对象的过程强调传播者（报告主体）的主动性，信息单向流动	信息传播者将信息存放在信息中心而不是直接传给信息使用者，信息使用者不是从传播者那里接收信息，而是向该中心查找有关信息，根据自己的决策需要重构信息含义，根据自己的目的解释收到的信息。强调信息接收者的主动性，信息单向流动
适用范围	反映公司意图的财务报告、针对所有用户的财务报告（已知且一致的信息需用求）、形式规范的财务报告等	为满足使用者信息需求的财务报告、针对潜在信息使用者（未知需求）的财务报告、满足特殊需要（已知但不一致的信息需用求）的财务报告、形式不规范的财务报告
具体形式	通用报告、定期报告	专用报告、联机实时报告、脱机报告

5.3.2　财务报告编制与公布的新方式的技术支撑

公开发行股票的股份有限公司，还应当每 6 个月出具一份财务会计报告。中国编制财务报告的时间由国家颁布的各行业统一会计制度规定。一般来说，财务报告在编制格式中存在的问题不多，一般都是基础问题。

进入知识经济时代，先进的信息技术能够为各方面工作提供强大的支撑作用，比如，不仅能够对财务报告快速并且广泛的传递发挥重要作用，而且能够对各种决策相关信息进行处理、分析和整理。因此，使用大量信息技术来编制和发布财务报告的方式受到了越来越多的关注，这将逐渐成为经济发展的趋势。

从实际问题看，财务报告格式问题的编制基础问题比较普遍。有些人即使能伪造企业财务报告，也不可避免地在伪造中存在技术错误。例如，企业单位不同程度地平时不积累数据，只在"财务状况变动表"中不切实际地临时捏造数字，造成信息使用者在决策或判断上出现错误，造成经营损失或投资风险。

5.3.2.1　数据库技术

会计处理方法的多样化对所收集的数据能否被反复使用提出了更高的要求，而计算机中的数据库技术满足以上的两个要求，它不仅能够大量、有效地处理、使用和共享数据，而且能够统一管理和使用企业财务会计信息以及其他管理部门的信息，大大减少数据冗余，对整体进行相关的控制。人事数据可用于人力资源部进行人员的管理；可供财务部进行工资的核算、人力资源核算。全面完整地对企业管理信息系统进行建立，不单单能够使相应管理步骤减少，而且能够进一步减少不必要的响应时间，以至于把更加准确、更加完善的信息给外界部门使用，当然也可以提高企业整体的运行效率和效益。而共享数据库主要包括企业的一般财务数据信息，企业外部（环境）数据，内部经营计划和控制数据、预测数据。

5.3.2.2 人工智能技术

知识库和专家系统可以使会计电算化系统变得更加先进、更加智能。在计算机的辅助下，使一些复杂的管理分析活动由原来不可能完成转变成可能，比如在企业投资分析、财务预算、库存控制、绩效评价等方面的活动。当然，知识库和专家系统也为企业的计划、控制和决策打下了基础、提供了支持。人工智能技术辅助技术决策不仅可以解决半结构化和非结构化问题，还可以为人们选择最优解。通过建立一个准确的模型，再使用大量的试验性样本进行归纳演绎，然后再利用已经出现的类似决策场景，进行相关的决策。在信息呈指数型增长和大量数据分布零散的时代，人工智能技术主要通过大量数据库进行对比分析，提取其中的有用信息，为相关信息需求者提供服务，并做出相应的决策。

5.3.2.3 网络通信技术

在现代网络快速发展时代，人们能够获取各种各样的信息资源，对获取信息的速度和质量也都起到了重大的影响。如表 5-11 所示，网络技术的快速发展，使各种信息使用主体能够更加便捷、快速地获得所需的有用的信息，解决了传统财务报告滞后、传递面窄和信息共享存在障碍等相关技术问题。

表 5-11　互联网对现代企业发挥的作用

主体	互联网对现代企业发挥的作用
企业决策层	通过内联网获取企业销售、年报、月报和市场变化
员工	通过网络进行沟通和支持
企业	通过网络向外界传递企业财务报告等信息
用户	通过互联网查询行业分片情况，了解企业的机会和风险，从而做出正确的投资决策

5.3.3　专用报告模式与通用报告模式互补

5.3.3.1　专用报告的展现方式——会计频道

因为信息费用和信息处理能力对目前的会计系统所起到的约束作用，致使会计系统几乎没注意用户个人需求，通常只是考虑全部用户的共同需求。也就是企业所提供的财务报告不是为了为某个用户服务而制定的，它只能满足大多用户的一般需求，未能满足个性化需求。由于通用财务报告严格遵守会计准则和证券法规，更需要满足各个方面的要求，所以很多时候都要舍弃一些东西。因此，通用财务报告没能达到每个信息使用者自身对信息的需求。在知识经济快速发展的背景下，会计制度的不足之处也已逐渐消失了。在此情形下，只有通过建立各种各样的会计频道，其中不同的会计频道给不同的用户专用的财务报告，才能够尽快且正确解决公共信息的供给与个性化信息的需求之间愈演愈烈的矛盾。

　　会计频道就像一个电视频道，在电视有成百上千个频道时，人们可以随意地切换，但是在电视只有唯一一个频道时，观众也就没机会更不可能有换频道的想法。人们在观看不同频道的节目时，只是观看内容发生变化，电视机是不改变的。相同道理，由于不同会计信息使用者有不同的需求，因此也可以建立各种各样的会计频道，制作出各种专用的财务报告。

5.3.3.2　多元化的表现

　　基于内存中的标准化数据项，一方面，会计渠道可以借助软件技术生成各种事先想要的专用或通用财务报告；另一方面，还可以根据用户需要专门定制所需报告。财务报告的内容包括历史的、定量的、确定的财务信息；根据信息使用者的需求更多地披露前瞻性的、定性的、不确定的财务信息及非财务信息。会计频道多元化的个性具体表现在：

　　（1）收集信息的多元化。对各个部门的信息接口转换和接收信息。也可接收非货币形态的相关信息。

　　（2）提供信息时间的多元化。按照既定的月、季、年来披露会计信息。随机快速地生成所需信息。

　　（3）处理信息方法的多元化。选用其他备选方案进行试算，比较差异。接收或调用了大量非货币形态的相关信息。

　　（4）提供信息空间的多元化。信息技术支持下的财务报告空间广阔。

　　（5）提供信息形式多元化。图形化信息、语方化信息。

5.3.4　电子联机实时报告与定期报告互补

　　随着电子商务的快速发展，企业可以直接通过互联网发生各种经济交易，使各种购销行为的发生更为便捷，打破传统的经济交易模式。一方面，在刚开始进行会计电算化时，可以提前把会计再确认的规则编写成计算机语言；另一方面，如果原始凭证与会计凭证间可以建立对应关系的数据库和计算算法，人工智能技术将利用不同的数据库进行对比分析，最终会简化从原始凭证直接到财务报表的会计周期。

5.3.4.1 信息技术可以实现会计信息联机实时处理

为了实现会计信息的联机实时处理，需要满足以下两个条件：

第一，会计信息传递的实效性。即要保证经济交易或经济事项产生的会计数据能够快速传递到会计部门。随着电子商务的快速发展，企业可以直接通过互联网发生各种经济交易，使各种购销行为的发生更为便捷，打破传统的经济交易模式。也就是说，互联网不仅打破了各个企业间在行业和时空上的障碍，还把一整条产业链、供应链等连接起来，比如企业与供应商、销售商、投资者、债权人、银行等各种利益集团紧紧关联了起来。通过电子数据交换（EDI）技术，把企业内、外部各部门的各种经济购销行为所产生的电子凭证快速发给会计部门进行处理。因此，一方面，企业可以对各种购销行为的发生进行严密监控，及时收发信息；另一方面，通过填发电子凭证，企业可以快速收到相关信息。

第二，会计信息处理的实时性。即会计部门应该能够对收到的会计信息进行同步处理，而信息技术恰恰为会计信息的在线实时处理提供了强有力的技术支持。在遵守相应的会计规则的情况下，把原始单据的会计数据处理成能够对外提供的会计信息。在这一过程中，可以通过大量的分类、汇总、计算等信息处理方法对会计数据进行加工。当然，在这个利用信息技术快速发展的时代，可以把部分会计准则编写成计算机语言，即计算机程序代码，以便随时使用。就像在编制财务报表时，因为很容易出现会计再确认规则被模式化或者公式化，尽管计算机操作环境下和手工操作环境下的会计再确认规则之间没有出现变化，所以，一方面，在刚开始进行会计电算化时，可以提前把会计再确认的规则编写成计算机语言，在每次输出财务报表时，只需要运行相关的计算机语言便可快速且灵活地完成财务报表的编制；另一方面，如果原始凭证与会计凭证间可以建立对应关系的数据库和计算算法，人工智能技术将利用不同的数据库进行对比分析，最终会简化从原始凭证直接到财务报表的会计周期。

5.3.4.2 电子联机实时报告满足知识经济时代的需要

在现代信息技术飞速发展的时代，联机实时报告以此为基础，不但为知识经济下的定期报告的不足提供了弥补的途径，而且使财务报告生成与传播的方式发生了重大的变化。

第一，会计主体的灵活性。定期报告以会计主体作为报告的空间范围，而会计主体常具有相对固定的实物形态。但知识经济时代，会计主体的外延正在发生改变，它的结构与功能的变动性非常强烈，有的甚至是没有实物形态的虚拟公司。如果用定期报告反映，可能报告中很大部分的内容是反映重组、兼并、业务变化等，将会给信息使用者带来极大的困惑。但采用电子联机实时报告可以在电脑空间中，根据迅速变化的会计主体灵活地进行重构和分合，在不同的时点反映构成部分的财务状况、经营成果与现金流量的变动情况，尤其对于虚拟企业，这种灵活性表现得更突出。

第二，会计信息及时性。定期报告以会计分期假设为基础，造成面向历史的过时信息，及时性打了很大折扣。联机实时报告最大的优点在于其及时性。会计业务或数据在发生的同时即可实时地记录和处理，财务报告在不同时期内能够随机地产生，它的产生不再受时空的限制，月、季、年度报告只是其中可选的形式。任何时点，信息使用者都可从网络上获得最新的财务报告，或者根据报告主体提供的原始数据，及时、有效地选取和分析所需的信息，满足决策需要。

第三，公允价值计量的可行性。在解决公允价值会计所遇到的技术问题过程中，电子联机实时报告的出现为其能否被顺利地解决创造了可能。在知识经济条件下，公允价值信息比历史成本信息更能与决策相关联，因为单一的历史成本计量满足不了当前需要了。由于报表生成的时间与交易发生的时间存在一定程度上的滞后性，一旦此时的信息变成过去，也就变成历史信息。因此，在从传统的技术方法来看，如果采用公允价值计量，将会使信息的可靠性大大降低。但是从另一方面看，电子联机实时报告可以第一时间计量报表主体的经济业务，第一时间生成报表给用户使用，因此这也大大提高了信息的可靠性。

5.3.5 采用会计频道披露的技术方案设计

在上述理论分析的基础上，此章节准备建立实现电子联机实时报告与专用报告的技术方案（以 Frontpage 语言为例）。具体来说，就是在互联网中通过使用超文本链接的方法，用户可以在 URL（统一资源定位符）处输入网址。像电视频道一样，有各种各样的信息，如图 5-4 所示。

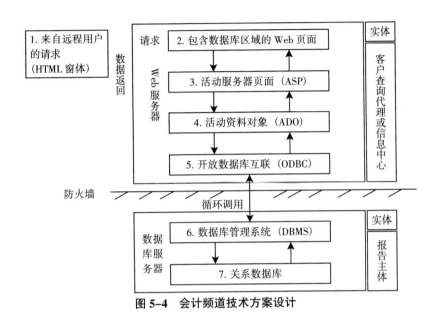

图 5-4　会计频道技术方案设计

第　，数据库区域中的 Web 页面。这个页面应该是驻留在 Web 服务器上的 ASP（活动服务页）文件。如果数据库不需要任何用户输入，那也就不需要 HTMT 窗体，也不需要包含数据库区域的 ASP 文件就是超链接目标。这部分就像是信息用户页面。在页面上输入所需网站后，信息用户填写需要查询的信息，如"××企业，1999，资产负债表"。

第二，在发送请求的 ASP 文件时，Web 服务器调用 ASP 脚本处理器。脚本处理器执行在 HTML 中设置 frontpage 的 VBScrip 代表。VBScrip 代表完成以下功能：①将可变数据连接并到 SQL 语句中去，SQL 语句指定查询哪些资料；②打开一个通向数据库的链接并发送 SQL 语句；③当主动资料对象返回资料时，HTML 中的 VBScrip 代码阅读每条记录并用显示结果的 HTML 替换自身。

第三，活动服务器页面是一个执行嵌入 HTML 内部的有特殊标记的 VBScrip 或其他语言的解释器，服务器端脚本代码不会传给远程用户，但远程用户会接收这些脚本生成的 HTML 语言。

第四，ADO（Active Data Object，活动数据对象）给服务器端脚本提供数据库功能，并调用 ODBC。

第五，ODBC（Open DataBase Connection，开放数据库互联）忽略不同数据库系统的差别，向应用程序提供一个相对标准接口，这由构成 ODBC 自身的通用模块和针对不同数据库系统的特定驱动程序组成。这是报告主体内部网络与 Internet 连接和数据转换的接口，不同的报告主体可能采用不同数据库，但通过此接口后，其视图将一致。

第六，关系数据库由组织在行列中的资料组成，即由表中资料组成，每行是一个记录，每列是一个字段。若两表有共同的字段，DBMS 可匹配具有同样值的行并将结果作为一个链接表。DBMS 可向用户提供任意字段组合并基于资料值选择记录。报告主体的原始数据就存在此处。

前五个步骤共同组成了 Web 服务器，Web 服务器是信息中心处，也可以由 ISP 商提供。而数据库管理系统（DataBase Management System，DBMS）接受高级事务命令通常是 SQL 语句，并操作组成数据库的物理文件。报告主体对数据进行初次加工之外，生成报告主体对自身有用的会计信息。第六是报告主体内部。为保证数据安全，外层有防火墙的保护。

5.4 改革财务报告的创新策略方向

在财务报告的创新编制的基础形式下，本节需要对其改革财务报告的创新策略进行方案总结，具体从会计准则、信息披露电子化和报告模式改进方面进行分析。

5.4.1 加速会计准则的制定以加强报告公认性

财务报告作为企业公认报告的一部分，受会计准则的影响极大。从我国财务报告的发展进程来分析，基本准则和具体准则是我国会计准则体系的两个重要部分。《企业会计准则》是企业通用的基本准则，准则中规定了编制会计报表的基本前提、影响要素和一般准则以及要求。而具体会计准则是根据基本准则的要求，对会计业务做出的具体规定。

新的会计准则公布，必将使当年的会计报告有质的变化，而且在具体准则的指导下也将更加规范。

在全球一体化的知识经济时代，我国的会计准则与国际会计准则日益趋同。一方面与国际惯例接轨，另一方面适应中国的发展国情，才能不断加强会计报告的公认性，推进会计报告的改革。

5.4.2 加速会计信息披露电子化

在知识经济发展的时代趋势下，会计信息的发布和传递将逐步由目前的书面形式向电子形式转变，会计信息披露电子化更利于我国搭建全国乃至全球的财务信息收集、分类和统计分析的检索网络体系。有学者认为，电子会计信息披露的构建可以分为三个阶段，如表 5-12 所示。

表 5-12 会计信息披露电子化的建设阶段

阶段	建设项目	项目内容
第一阶段	全国性的计算机会计数据中心	通用财务报告采用联网方式报送到信息中心，以便信息使用者利用计算机网络和远程通信技术查找和提取数据，从而促使资本市场效率的提高
第二阶段	各报告公司网络联网向使用者提供信息	所提供的信息大部分运用会计报告，特殊情况下允许部分信息使用者查询接触其明细信息
第三阶段	各报告公司网络联网向信息使用者提供明细综合信息	要经过两个时期：一是定期报告时期，二是实时报告时期

5.4.3 加速会计报告模式改进

结合前面的分析，我国当下使用的会计报告模式主要是以一般报告为主，以专项报告为辅。即使也能大致符合信息用户的基本需求，但整体上信息披露还存在许多的不足，如信息披露不准确、信息披露不全面、财务披露信息冗余以及财务报告与非财务报告之间联系甚少，这些缺点都在一定程度上阻碍了信息使用者快速并且有效地发现有用信息的步伐。因此，对目前的财务报告模式进行革新是时代的昭示，改革财务报告的目标就是扩大会计报告信息披露之间的联系和服务范围，主要从整合现有的通用财务报告和非财务报告资本金相关内容着手，使会计信息使用者能够完整、简明地了解到有效信息。对于我国完善会计报告模式的努力，本节特别对我国企业会计报告模式的构建提出以下几点看法。

5.4.3.1 拓展会计报告模式的资本形态

财务报告信息可以披露得出为企业资本增减值情况。借鉴国际综合报告框架的理念，所谓的资本保值增值更趋于广义，其不仅仅是指传统的投资者投入的金融资本和制造业资本，还包括人才智力资本、人力资源资本以及社会生态资本等。企业资本是企业进行价值创造的基础，能够为企业在日常生产经营中带来价值增值。但是我国目前的财务报告主要聚焦于财务制造资本，忽视了各种资本之间的变化和联系，无法对多样化的资本形态进行综合反映。因此，有必要从广义的资本视角拓展会计报告的资本形态，完善现行的会计报告模式。

5.4.3.2 加强财务报告提供前瞻性信息的能力

在知识经济快速发展的背景下，信息用户尤为依赖前瞻性财务信息，以为其投资决策提供参考。现行财务报告信息还比较偏于历史性，在前瞻性分析方面还有待提高，故这在一定程度上无法确保财务信息的及时性，并降低了会计报告的可参考性，以至于利益相关者错过最佳决策的时机，造成资金损失。

在这样的局势下，披露的前瞻性信息主要为了满足信息使用者预测公司未来发展趋势的需求，进而分析公司的机会以及优先预警公司可能面临的财务风险。如果企业不能改善会计信息的时效性，信息用户则无法及时估算企业真实价值以及相应的价值创造能力，这将对企业的融资获取设置障碍。目前，增添财务报告的前瞻性分析能力，具体构想应首先考虑，结合我国国情，借鉴企业在国际综合报告中提供的思路和方法。我国披露的前瞻性信息大多是为发行人制定的有根据的规划和安排以及对公司经营环境做出合理假设。对于企业财务报告中的前瞻性信息，信息使用者仅仅了解企业的真实价值是远远不够的，企业还应提供企业会计期间的资源消耗和污染控制等环境绩效指标。

5.4.3.3 扩充会计报告模式内容范围

从国际综合报告框架所囊括的财务信息内容角度出发，非财务信息的内容越来越得到重视，也在披露的信息范围内。如果我国还坚持以往的非财务信息的披露内容范围，就会与国际上的综合报告产生较大的差距，造成由于非财务信息披露不足而产生财务可信度低的问题。因此，企业需要拓展非财务信息的内容。

第一，公司概况及外部环境。企业的生产经营离不开宏微观环境的影响，企业制定经营目标、经营战略、企业文化以及阶段性规划时都必须审视行业和经营环境的情况。在定位宏微观环境趋势时，还应借助大数据技术掌握影响财务报告的关键性量化信息，尤其可以运用比较分析法分析本期较上期发生重大变化的外部环境因素，甚至还可以找出关键外部环境因素的变化将对企业的绩效产生影响的程度。

第二，治理结构。一个组织的治理结构是组织发展的基础，公司治理结构体系是生产经营的基础要素，在财务报告中应注重向利益相关者解释说明公司创造价值的方式和过程。财务报告的信息质量也受组织质量结构的影响，故在财务报告中应详细地分析企业的治理模式结构，以及治理结构对企业日常经营业绩和价值创造有哪些影响并及时提出改正的措施与方案。财务报告应当对下列事项进行深入描述，如图 5-5 所示。

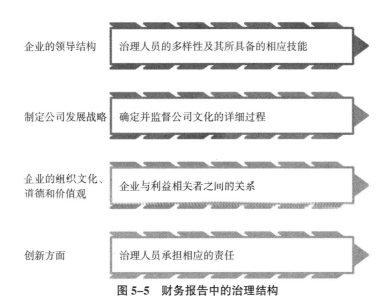

图 5-5 财务报告中的治理结构

第三，机遇与风险。财务报告需要在审视宏微观因素的影响下，前瞻性地指出企业在变幻莫测的政治经济环境下为利益相关者提供未来决策分析的信息需求。其中，需要为信息需求者指出企业可能面临的机会、风险以及企业应对未来的机会和风险的具体方案。

第四，战略与资源配置。财务报告应当具体地披露企业的业务经营目标以及在下一个报告期为实现这一目标所采取的方法，如图 5-6 所示。

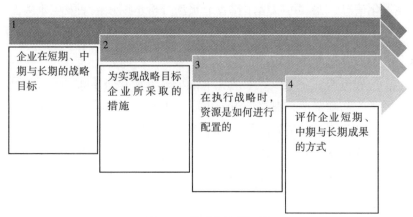

图 5-6 战略与资源配置

第五，企业的经营模式。企业的经营模式可以说是一个核心的循环系统，即"投入经营活动产出成果"，如图 5-7 所示，其中，企业的财务报告应描述业务模型的类型及其稳健性。

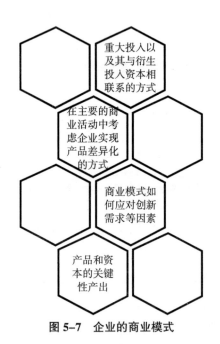

图 5-7 企业的商业模式

第六，企业绩效。反映企业的业绩经营情况是财务报告的基本要求，其不仅要反映在上一报告期的历史业绩，还需要总结报告期与上期存在的差距以及改进措施。此外，还要明确公司战略目标的实现程度和资源配置的成果。

第七，前景分析。财务报告应当说明企业在实施发展战略过程中所面临的机遇和风险将如何影响企业的经营模式和业绩。展望的重点是强调随着时间推移将发生变化的预期。Prospects 在合理分析的基础上提供了如图 5-8 所示的信息。

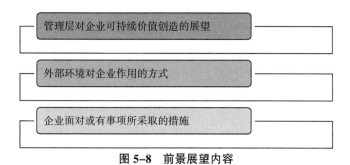

图 5-8　前景展望内容

参考文献

［1］埃德加·沙因（Edgar H.Schein），彼得·沙因（Peter A.Schein）. 组织文化与领导力（第五版）［M］. 北京：中国人民大学出版社，2020.

［2］爱德华·凯茨，霍晓萍. 新时代会计的作用与价值［J］. 会计之友，2018（17）：2-5.

［3］白重恩等. 中国上市公司治理结构的实证研究［J］. 经济研究，2005（2）.

［4］财政部. 代理记账行业协会管理办法［J］. 山西财税，2018（12）：24-25.

［5］财政部. 企业会计准则1999［M］. 北京：经济科学出版社，1999.

［6］财政部会计事务司. 国际会计准则［M］. 北京：中国财政经济出版社，1992.

［7］财政部会计事务司. 国际会计准则第1号——财务报表列报（1997年修订）［J］. 会计研究，1999（1）.

［8］财政部会计事务司. 国际会计准则第39号——金融工具：确认和计量［J］. 会计研究，1999（6）.

［9］曹琼方. 管理会计下企业管理控制模式创新的思考［J］. 纳税，2019，13（10）：238-239.

［10］曹越，伍中信. 财务动态治理结构论纲［J］. 财经理论与实践，2010，31（5）.

［11］［美］查尔斯·吉布森. 财务报表分析［M］. 刘筱青等译. 北京：中国财政经济出版社，1996.

［12］陈国兵，陈伯伟. 探讨管理会计与财务会计的融合研究［J］. 财会学习，2020（14）：140-142.

［13］陈佳莉. 关于在财务会计中采用公允价值的探讨［J］. 现代经济信息，

2017（9）：248.

[14] 陈今池. 现代会计理论 [M]. 北京：立信会计出版社，1998.

[15] 陈霖君. 基于经济"新常态"下财务会计与管理会计的发展 [J]. 现代经济信息，2017（21）：174.

[16] 陈爽，李明. 浅谈网络财务对传统会计的影响 [J]. 中国商论，2018（1）：110–111.

[17] 程丽华.《会计法》修订应赋予"财务会计报告"新内涵 [N]. 中国会计报，2017–09–22（006）.

[18] 程麒台，杨捷. 影视公司投资人如何识别危险信号——以乐视影业股东知情权案为视角的分析 [J]. 中国电影市场，2017（11）：10–12.

[19] 崔艨艨. 上市公司财务会计报告披露问题研究 [J]. 农家参谋，2017（23）：290–291.

[20] 戴光强. 新经济时代知识经济管理的发展趋势研究 [J]. 现代营销（下旬刊），2020（4）：179–180.

[21] 戴圆圆. 基于知识经济下的企业经济管理创新与实践探讨 [J]. 商场现代化，2020（8）：105–106.

[22] 邓雅馨. 课证融合模式下高职财务会计课程教学设计研究 [J]. 财会学习，2018（33）：213–214.

[23] 杜兴强. 会计信息产权的逻辑及其博弈 [J]. 会计研究，2002（2）：52–58.

[24] 方红星，张勇，王平. 法制环境、供应链集中度与企业会计信息可比性 [J]. 会计研究，2017（7）.

[25] 方洁. 财务会计报告若干问题的思考——基于《中华人民共和国会计法》修订 [J]. 山西财税，2018（2）：36–38.

[26] 冯之浚. 知识经济与中国发展 [M]. 北京：中共中央党校出版社，1998.

[27] 福建省人大（含常委会）. 福建省实施《中华人民共和国会计法》办法 [N]. 福建日报，2020–04–01（005）.

[28] 高淑红. 基于管理会计下企业管理控制模式创新的思考 [J]. 中国市场，2019（8）：188–189.

[29] 葛春元. 浅析会计信息披露的发展趋势 [J]. 经济师，2018 (5)：114-115.

[30] 葛家澍，杜兴强. 会计理论 [M]. 上海：复旦大学出版社，2005.

[31] 葛家澍. 财务会计：特点、挑战、改革 [J]. 财会通讯，1998 (3).

[32] 葛家澍. 当前财务会计的几个问题 [J]. 会计研究，1996 (1).

[33] 葛家澍. 损益表扩展 [J]. 上海会计，1999 (1).

[34] 葛家澍. 迎接 21 世纪，国内外财务会计新动向 [J]. 会计研究，1999 (1).

[35] 龚夏怡. 关于财务会计报告存在问题之浅析 [J]. 财会学习，2017 (14)：118-120.

[36] 巩晓娟. 企业管理会计与财务会计的融合初探 [J]. 商场现代化，2018 (24)：136-137.

[37] 顾媞. 高质量会计准则研究综述 [J]. 绿色财会，2008 (12).

[38] 郭灿. 论财务会计报告的编制和分析 [J]. 现代经济信息，2017 (23)：140-142.

[39] 郝恒彤，马骁. 行政事业单位财务会计报告体系浅析 [J]. 财经界，2018 (10)：90.

[40] 郝爽. 行政事业单位财务会计报告体系存在问题以及应对策略探讨 [J]. 中国乡镇企业会计，2018 (12)：113-114.

[41] 胡宇波. 企业财务会计问题分析及其改革策略探讨 [J]. 农村经济与科技，2018，29 (4)：119-120.

[42] 胡玉明. 中国管理会计理论研究：回归本质与常识 [J]. 财务研究，2017 (3)：14-21.

[43] 胡志勇. 会计政策可比性：测定及其经济后果 [M]. 北京：经济科学出版社，2008：100-170.

[44] 黄韵. 关于完善我国会计法律责任的思考 [J]. 国际商务财会，2019 (5)：92-96.

[45] 苟欧敏. 行政事业单位财务会计报告体系浅析 [J]. 行政事业资产与财务，2018 (11)：54-55.

[46] 贾代玉. 论行政事业单位财务会计报告体系存在的问题及应对措施 [J].

现代经济信息，2018（13）：298.

[47] 姜付秀，黄磊，张敏.产品市场竞争、公司治理与代理成本［J］.世界经济，2009（10）.

[48] 蒋卫平.知识经济对财务的挑战［J］.财务与会计，1999（6）.

[49] 金贤斌.信息技术环境对会计核算工作的挑战和应对措施［J］.中国国际财经（中英文），2018（6）：55.

[50] 孔玉红.新环境下企业财务会计报告的改革初探［J］.科教文汇（中旬刊），2018（1）：100-101.

[51] 黎红雷.科学与人性：当代中国企业文化的两难选择［J］.管理世界，1989（6）.

[52] 黎红雷.走向管理的新大陆［M］.广州：广东高等教育出版社，1989.

[53] 李迪耀.重要性质量要求在会计实务中的运用［J］.开封教育学院学报，2018，38（9）：275-276.

[54] 李斐然.搭建个性化管理会计体系　推动管理会计的深度应用——访北京元年科技股份有限公司总裁韩向东［J］.财务与会计，2017（8）：14-16.

[55] 李福华.知识经济对财务会计的影响与对策研究［J］.财会学习，2020（11）：85-86.

[56] 李富强等.知识经济与信息化［M］.北京：社会科学文献出版社，1998.

[57] 李鸿雁.浅谈人力资源会计的理论结构［J］.山东财经学院学报，1999（3）.

[58] 李嘉亮."税事"违法做不得　会计需当"好管家"［N］.中国会计报，2018-10-19（001）.

[59] 李静晗.浅谈知识经济时代知识的转移成本［J］.现代营销（下旬刊），2020（4）：19-20.

[60] 李笑梅.企业财务报告存在的常见问题与改进对策［J］.财会学习，2017（13）：51-53.

[61] 李玉荣.现代财务会计模式的根本缺陷与优化思考［J］.财会学习，2017（11）：87-88.

[62] 廖宝圣.会计信息质量对企业的影响及对策［J］.冶金财会，2017（6）：

47–48.

[63] 林枫. 对财务报告目标的思考 [J]. 北方经贸，2017（12）：69–70.

[64] 林娜. 中日美三国企业管理差异的社会文化渊源 [J]. 管理世界，1986（12）.

[65] 刘宁. 试论当前财务会计报告的改革与发展 [J]. 现代商业，2018（36）：139–140.

[66] 刘瑞，温继锦. 工业企业管理会计报告体系的建设 [J]. 统计与管理，2017（4）：147–148.

[67] 刘志远，白默. 公允价值计量模式下的会计政策选择——基于上市公司交叉持股的实证研究 [J]. 经济管理，2010，32（1）.

[68] 娄尔行. 中级财务会计 [M]. 上海：上海三联书店，1993.

[69] 鲁胜强. 实质重于形式的会计与税务适用范围与运用 [J]. 纳税，2018（19）：51–52.

[70] 陆柯静. 从会计信息的相关性谈高校财务会计报告的改进 [J]. 产业与科技论坛，2018，17（18）：243–244.

[71] 逯东，付鹏，杨丹. 媒体类型、媒体关注与上市公司内部控制质量 [J]. 会计研究，2015（4）：78–85，96.

[72] 吕继峰. 浅谈绿色会计的确认、计量、报告 [J]. 行政事业资产与财务，2017（12）：53–56.

[73] 罗婷. 浅谈中小企业会计成本核算问题及对策 [J]. 商业经济，2017（9）：127–128.

[74] 马海涛. 知识流动空间的城市关系建构与创新网络模拟 [J]. 地理学报，2020，75（4）：708–721.

[75] [美] 迈克尔·查特菲德. 会计思想史 [M]. 文硕译. 北京：中国商业出版社，1988.

[76] 美国注册会计师协会财务报告特别委员会综合报告. 改进企业报告——着眼于用户 [M]. 陈敏圭译. 北京：中国财经出版社，1997.

[77] 潘悦，郑赛男. 浅议企业财务会计报告存在的问题及对策 [J]. 广西质量监督导报，2020（1）：148.

[78] 评论员. 知识经济——信息时代的经济形态 [N]. 新民晚报，1998-03-

15.

[79] 齐祯. 基于提升企业价值的管理会计报告体系框架研究［J］. 中国商论，2018（17）：113-114.

[80] 乔旭东. 上市公司会计信息披露与公司治理结构的互动：一种框架分析［J］. 会计研究，2003（5）：46-49.

[81] 宋风长. 财务会计与管理会计的融合趋势［J］. 企业改革与管理，2017（7）：112-129.

[82] 孙光国，杨金凤. 机构投资者持股能提高会计信息可比性吗？［J］. 财经论丛，2017（8）.

[83] 孙可馨. 基于知识经济下的企业经济管理分析［J］. 财经界，2020（5）：34.

[84] 孙淑贞. 预算会计若干基本理论问题研究［J］. 财会学习，2017（14）：134.

[85] 孙晓静. 知识经济与人力资源管理探究［J］. 中外企业家，2020（14）：107.

[86] 谭劲松等. 试论知识经济对会计的影响［J］. 广东财会，1999（1）.

[87] 唐松华. 企业会计政策选择的经济学分析——必然性·影响因素·立场［J］. 会计研究，2000（3）：18-23.

[88] 佟成生. 企业管理会计报告的几个问题［J］. 中国管理会计，2018（3）：52-58.

[89] 童天喜，张剑平，慕永旭. "互联网+会计"时代财务风险防控对策［J］. 中国石油企业，2017（7）：80-81.

[90] 王定伦. 可持续性增长视角下的企业管理会计报告体系构建［J］. 中外企业家，2017（13）：103-104.

[91] 王海霞. 知识经济时代企业人力资源开发与管理研究［J］. 劳动保障世界，2020（12）：1.

[92] 王华. 浅析知识经济对会计的影响［J］. 财务与会计，1999（1）.

[93] 王建刚，胡文龙. 公司治理与会计信息互动影响分析［J］. 经济管理，2006（20）：61-66.

[94] 王军权. 企业实施管理会计的现实思考［J］. 全国流通经济，2018（33）：

129-130.

[95] 王蕾. 利益相关者视角下我国会计目标的再定位 [J]. 兰州工业学院学报，2018，25（6）：90-92.

[96] 王心怡. 关于财务会计报告模式在市场竞争中的实践与研究 [J]. 全国流通经济，2019（5）：92-93.

[97] 王咏梅. 知识经济视域下人力资源优化新探索 [J]. 经济师，2020（5）：258-259.

[98] 王跃堂. 会计政策选择的经济动机——基于沪深股市的实证研究 [J]. 会计研究，2000（12）.

[99] 王治安，万继峰，李静.会计准则国际协调度测量研究[J]. 当代财经科学，2005（9）：89-94.

[100] 王中信，杨德明. 契约视角下会计政策的选择 [J]. 审计研究，2006（1）.

[101] 王竹泉. 利益相关者会计行为的分析 [J]. 会计研究，2003（10）：3-9，65.

[102] 吴综蹯. 会计个案研究方法之深度探索 [J]. （台湾）会计研究月刊，140 期.

[103] [美] 西奥多·W. 舒尔茨. 论人力资本投资 [M]. 北京：北京经济学院出版社，1992.

[104] 肖泽忠. 大规模按需报告的公司财务报告模式 [J]. 会计研究，2000（1）.

[105] 肖泽忠. 信息技术与未来会计报告模式 [J]. 会计研究，1996（1）.

[106] 谢诗芬. 高级财务会计学 [M]. 长沙：湖南出版社，1993.

[107] 谢晓芳. 新经济形势下构建现代企业财务会计报告体系的探讨 [J]. 现代经济信息，2018（11）：220.

[108] 谢志华. 关于公司治理的若干问题 [J]. 会计研究，2008（12）：63-68，94.

[109] 谢志华. 内部控制、公司治理、风险管理：关系与整合 [J]. 会计研究，2007（10）.

[110] 熊焰初. 知识经济下的企业财务报告 [J]. 财务与会计，1999（9）.

[111] 徐娜. 有关构建我国管理会计概念框架的研究［D］. 长安大学硕士学位论文, 2018.

[112] 徐峥. 对《会计法》修订的几点建议［J］. 财务与会计, 2018 (3): 16-17.

[113] 许兰花. 知识经济时代石油企业人力资源开发的路径探析［J］. 商讯, 2020 (12): 192-193.

[114] 许乐鑫. 财务会计与管理会计耦合探讨［J］. 财政监督, 2017 (16): 88-91.

[115] 薛云奎. 网络时代的财务与会计［J］. 会计研究, 1999 (11).

[116] 阎达五. 人力资本的保值增值与劳动者权益的确立［J］. 会计研究, 1999 (6).

[117] 杨福家. 论述知识经济新时代［J］. 中国人力资源开发, 1998 (2).

[118] 杨鹏. 基于计算机技术的财务报告和控制研究［J］. 计算机产品与流通, 2020 (7): 17.

[119] 杨荣宽. 复杂商事诉讼中股东知情权的限制与指向［N］. 中国商报, 2017-10-12 (P07).

[120] 杨婷. 我国财务会计报告存在的问题及对策探究［J］. 纳税, 2018 (7): 50-51.

[121] 杨雅玲. 论内部控制与企业文化的关系［J］. 煤炭经济研究, 2006 (8).

[122] 杨毅. 企业并购中递延所得税的会计处理研究［D］. 中国财政科学研究院, 2017.

[123] 杨钰, 曲晓辉. 中国会计准则与国际财务报告准则趋同程度——资产计价准则的经验检验［J］. 经济与管理科学, 2008 (7): 234-241.

[124] 袁春生. 论经营者控制权激励下的企业非效率投资［J］. 山西大学学报 (哲学社会科学版), 2006 (1): 64-66.

[125] 袁知柱, 张小曼, 于雪航. 产品市场竞争与会计信息可比性［J］. 管理评论, 2017, 29 (10).

[126] 张国华, 曲晓辉. 会计准则国际趋同度量方法拓展——模糊聚类分析法初探［J］. 南开管理评论, 2009 (1): 102-109.

[127] 张海平, 吕长江. 上市公司股权激励与会计政策选择: 基于资产减值

会计的分析 [J]. 财经研究, 2011, 37 (7).

[128] 张红兰. 上市公司财务会计报告披露问题的思考 [J]. 中外企业家, 2017 (34): 199-200.

[129] 张后启, 刘慧. BPR 与 ERP 应用走向结合的必然 [J]. 软件世界, 1998 (8).

[130] 张美红. 会计信息披露趋势展望 [J]. 当代财经, 1998 (2).

[131] 张睿涵. 知识经济下内部产生无形资产会计处理的探究——以 S 公司为例 [J]. 财经界 (学术版), 2020 (8): 147-148.

[132] 张伟. 基于知识经济的金融机构创新思考 [J]. 农村经济与科技, 2020, 31 (8): 138-139.

[133] 张闻北. 我国大型企业纾困策论与经济结构调整方向 [J]. 中国商论, 2020 (11): 7-8.

[134] 张晓敬. 试论管理会计报告理论基础及相关概念 [J]. 中小企业管理与科技 (中旬刊), 2017 (11): 51-54.

[135] 张新民. 关于企业会计准则改革的若干思考 [J]. 北京工商大学学报 (社会科学版), 2019, 34 (1): 1-8.

[136] 赵萌. 服装设计专业文化驱动与区域经济的协调发展 [J]. 福建茶叶, 2020, 42 (4): 98.

[137] 赵诗海. 基于提升企业财务会计报告信息质量的思考 [J]. 产业与科技论坛, 2019, 18 (1): 238-239.

[138] 赵团结, 赵尹铭. 关于《会计法》修订的几点看法 [J]. 财务与会计, 2017 (23): 20.

[139] 郑巧娜. 基于公司治理的会计政策选择研究 [A]. 中国会计学会财务成本分会. 中国会计学会财务成本分会 2011 年年会暨第二十四次理论研讨会论文集 [C]. 中国会计学会财务成本分会: 中国会计学会, 2011.

[140] 郑志刚. 对公司治理内涵的重新认识 [J]. 金融研究, 2010 (8).

[141] 钟丽荣. 试论会计信息质量的相关性原则 [J]. 商业会计, 2017 (20): 86-88.

[142] 周毅. 近代中西交往中的语言问题研究: 作为文化现象的洋泾滨英语 [M]. 成都: 四川大学出版社, 2006.

［143］朱平. 论财务会计报告的改革与发展［J］. 知识经济，2019（1）：128–129.

［144］朱小平. 衍生金融工具的发展［J］. 国际金融研究，1996（4）.

［145］Andrei Shleifer，Robert W. Vishny. A Survey of Corporate Governance［J］. The Journal of Finance，1997，52（2）.

［146］Bhojraj S.，C.Lee. Who Is My Peer？A Valuation–Based Approach to the Selection of Comparable Firms［J］. Journal of Accounting Research，2002（2）：407–439.

［147］Blair M. Ownership and Control：Rethinking Corporate Governance for the Twenty–First Century［R］. Washington：Brookings Institution，1995.

［148］Caban–Garcia M.T.，H.He.Comparability of Earnings in Scandinavian Countries：The Impact of Mandatory IFRS Adoption and Stock Exchange Consolidations［J］. Journal of International Accounting Research，2013.

［149］Cascino Stefano，Gassen Joachim.What Drives the Comparability Effect of Mandatory IFRS Adoption？［J］. Review of Accounting Studies，2015.

［150］DeFranco，Kothari S.P.，Verdi R.S. The Benefits of Financial Statement Comparability［J］. Journal of Accounting Research，2011，49（4）：895–931.

［151］Dyck，A.，Zingales，L.The Corporate Governance Role of the Media［R］. Working Paper，2002.

［152］Emenyonu E.N.，S.J. Gray. EC Accounting Harmonization：An Empirical Study of Measurement Practices in France，Germany and the UK［J］. Accounting and Business Research，1992（23）：49–58.

［153］Fontes A.，L.L. Rodrigues，R.Craig. Measuring Convergence of National Accounting Standards with International Financial Reporting Standards［J］. Accounting Forum，2005（29）：415–436.

［154］Kim S.，Kraft P.，Ryan S.G. Financial Statement Comparability and Credit Risk［J］. Review of Accounting Studies，2013，18（3）：783–823.

［155］Krisement V. An Approach for Measuring the Degree of Comparability of Financial Accounting Information［J］. The European Accounting Review，1997（6）：465–485.

[156] Lang Mark H., Maffett Mark G., Owens Edward.Earnings Comovement and Accounting Comparability: The Effects of Mandatory IFRS Adoption [R]. Simon School Working Paper, 2010.

[157] Mary E. Barth et al. Cost of Capital and Earnings Transparency [J]. Journal of Accounting and Economics, 2013 (55).

[158] Mary E.Barth, Wayne R. Landsman, Mark Lang, Christopher Williams. Are IFRS-based and US GAAP-based Accounting Amounts Comparable? [J]. Journal of Accounting and Economics, 2012 (54).

[159] Rahman A.H. Perera, S.Ganesh. Measurement of Formal Harmonization in Accounting: An Exploratory Study [J]. Accounting and Business Research, 1996 (26): 325-339.

[160] Robert M. Bushman, Abbie J. Smith. Financial Accounting Information and Corporate Governance [J]. Journal of Accounting and Economics, 2001, 32 (1).

[161] Rochet Tirole.Balancing the Banks: Global Lessons from the Financial Crisis [M]. Princeton University Press, 2010.

[162] Ross L.Watts, Jerold L. Zimmerman. Positive Accounting Theory: A Ten Year Perspective [J]. The Accounting Review, 1990, 65 (1).

[163] Tay J.S.W., R.H. Parker. Measuring International Harmonization and Standardization [J]. Abacus, 1990 (26): 71-88.

[164] Van der Tas L.G. Measuring Harmonization of Financial Reporting Practice [J].Accounting and Business Research, 1988 (18): 157-169.

[165] Watts R.L., Zimmerman J.L. Positive Accounting Theory [M]. Upper Saddle River, NJ: Prentice-Hall Inc., 1986.

[166] Yip R.W.Y., Young D.Does Mandatory IFRS Adoption Improve Information Comparability? [J]. The Accounting Review, 2012, 87 (5): 1767-1789.